Ute Karin Höllrigl

*Traum*Garten

Ute Karin Höllrigl

*Traum*Garten

Tiefenpsychologische Betrachtungen zu Garten, Sinn und dem Unbewussten

Mit einem Gespräch mit Andrea Heistinger

StudienVerlag
Innsbruck
Wien

MIX
Papier aus verantwortungsvollen Quellen
FSC® C083411
www.fsc.org

2. Auflage 2021

E-Mail: order@studienverlag.at
Internet: www.studienverlag.at

Buchgestaltung nach Entwürfen von: himmel. Studio für Design und Kommunikation, Innsbruck / Scheffau – www.himmel.co.at
Umschlaggestaltung: himmel. Studio für Design und Kommunikation, Innsbruck / Scheffau – www.himmel.co.at
Satz: Da-TeX Gerd Blumenstein, Leipzig
Umschlagabbildung: Henri Rousseau, The Equatorial Jungle, 1909. Courtesy National Gallery of Art, Washington.

Gedruckt auf umweltfreundlichem, chlor- und säurefrei gebleichtem Papier.

Bibliografische Information der Deutschen Nationalbibliothek
Die Deutsche Nationalbibliothek verzeichnet diese Publikation in der Deutschen Nationalbibliografie; detaillierte bibliografische Daten sind im Internet über <http://dnb.dnb.de> abrufbar.

ISBN 978-3-7065-5967-6

Prolog

Die Einsamkeit des modernen Menschen aufzuheben, seine Einbettung in den großen Lebensstrom zu ermöglichen, ihm zu einer Ganzheit zu verhelfen, die seine lichte, bewusste Seite zur dunklen des Unbewussten wissend und wollend rückverbindet, ist Sinn und Zweck Jungscher Seelenführung.

Den anordnenden, innersten Kern dieser Seelenführung setzte Jung dem Samenkorn einer Pflanze gleich, das bereits alles in sich trägt und zur Entfaltung drängt. Er nannte den innersten Seelenkern des Menschen das Selbst und den Prozess dieses Reifens Individuation. Allerdings ist der Mensch anders als die Pflanze dazu bestimmt, sich über sein Wachsen und die in den Garten eingesäten Talente bewusst zu werden, damit seine eigentliche Entwicklung und Wandlung geschehen kann, die unsere Sinnerfahrung bewirkt. Ich werde in diesen Betrachtungen verschiedene Instrumente beleuchten, die uns in diese Selbstverwirklichung begleiten können: den Garten als Sinnbild, den Weg an sich als Ziel, die Kunst als Visionärin, das Märchen als kollektives Vorbild für den Weg und den Traum als individuellen Königsweg.

Gärten begleiteten schon als Kind mein Leben. Ein Garten, nur mit Blumen bepflanzt, lag bunt zu unser aller Freude vor dem Elternhaus, der Gemüse- und Beerengarten ein kleines Wegstück dahinter. Beides eingebettet in mein kleines Bergdorf Fischbach in den steirischen Bergen auf 1.000 Metern Höhe, in dem wir damals das eiskalte Wasser aus einem gemeinsamen Dorfbrunnen holten; das Licht leuchtete uns aus Petroleumlampen und Pferde zogen in Sommer und Winter Wagen und Schlitten zur nächsten Bahnstation. Diese lag eine Stunde entfernt im Tal, nicht weit entfernt von Peter Roseggers „Waldheimat". Diese Idylle, umgeben von Wiesen und Wäldern, stand im Gegensatz zu einem grausamen Krieg, der um uns herum tobte und von dem wir bis zu seinem Ende nur am Rande berührt wurden durch Flüchtlinge, die wir bei uns aufnahmen und zu denen wir letztlich beim Einmarsch der Russen selbst wurden.

Meine besonders ausgeprägte Liebe zu Blumen begleitete mich stets, aber erst in der Mitte meines Lebens erahnte ich, dass hinter dieser geheimnisvollen Anziehung von Blumen und Gärten ein tieferes Lebensgeheimnis verborgen sein könnte, wie es uns Teresa von Avila in ihrem Gleichnis näherbringt, dass unser Inneres einem farbigen Garten gleichen will, in dem ein buntes Geschehen gehegt, beschützt und das Schöne zum Blühen gebracht werden will.

Eine Gärtnerin in der Erde zu werden, lag wohl trotzdem nicht im göttlichen Lebensplan, aber ich wurde zu einer Gärtnerin in unserem Inneren. Diese zu werden, scheint meine Bestimmung zu sein, erfüllt sie doch bis heute mein Leben mit Begeisterung wie am ersten Tag. Ich erkannte sie nicht zuletzt aus meinen Träumen und den unvergesslichen Erinnerungen an meine Kindheit, die mir im Schreiben dieser Betrachtungen immer bewusster wird. War damals mein

Leben vornehmlich von einem äußeren Wohlleben geprägt, so ist es heute von einem inneren Reichtum erfüllt. Eine große Gnade für mich in den späten Jahren meines Lebens, die ich vielleicht der ahnungsvollen Anziehung von Bauerngärten in meiner Lebensmitte verdanke, der ich mich letztlich nicht entziehen konnte und am Entdecken deren Geheimnisses ich beharrlich drangeblieben bin. Vermutlich gehöre ich zu jenen Menschen, wie es die umtriebige Benediktinerin aus dem Kloster Fulda war (niedergeschrieben von Mely Kayak in ihrem bezaubernden Buch „Ein Garten liegt verschwiegen"), sie notiert an einer Stelle: „Vielleicht ist Schwester Laurentia weltweit die einzige Vollblut-Gärtnerin, die nie einen Krümel Erde unter dem Fingernagel hatte, wohl aber viel Tinte am Finger!" Und gleichsam fühle ich mich der Nonne Agathe verbunden, die im 93. Altersjahr uns die Erfahrung hinterließ: „Gärtnerin bleibt man ein Leben lang. Das legt man einfach nicht ab. Das ist wie Nonne sein."

Die Nachrichten und das Bangen der Mütter um ihre Söhne im Zweiten Weltkrieg berührten damals meine Kinderseele zutiefst. Vermutlich hat diese Erfahrung zwischen einer heilen Kinderwelt und den brutalen Kriegsmeldungen mich zu einem analytischen Weg bestimmt, der die Vereinigung der Gegensätze suchte und diese Möglichkeit in einem uns unbewussten, eingeprägten Prozess entdeckte. Meiner ahnungsvollen Sehnsucht bin ich vornehmlich in der Lebensmitte nachgegangen und zu einer Gärtnerin im inneren Garten geworden.

Zum Sinnbild des inneren Gartens füge ich ein Betrachtungsfeld bei: den Traum. Er spricht in Bildern über diesen Bereich, der größtenteils in uns brachliegt und sich nach Fruchtbarwerdung sehnt. Diese Ahnung noch zu entdeckender Felder in mir bewegte mich schon früh, doch erst in der Arbeit mit dem Unbewussten, das sich mir in Traumbildern erschloss, erkannte ich ein in mir schlummerndes weites Land. Bei dieser Entdeckung der Reise ins Unbewusste wurden mir Schattenanteile und Lichtseiten zu Verbündeten. Im Laufe der Arbeit mit meinen Träumen erkannte ich immer mehr, dass auf diesem Feld schon Samen – meine Talente – und ein achtsamer Weg in eine innere Schönheit als Mensch eingesät waren, die bewusst werden und gehegt werden wollten wie ein Garten.

Wie konnte ich nun diese Saat erkennen? Auf dieser Suche fragte mich meine Analytikerin: Was begeistert dich, was bereitet dir besondere Freude? Erzähle mir deine Träume! Für die Antwort ließ ich mir Zeit und in einem tieferen Eindringen in meine Kinderfragen und die Träume wurde mir klar, es war immer das Geheimnis menschlichen Lebens, das mich bewegte: Woher kommen wir, wohin gehen wir und was ist unsere Aufgabe im Jetzt? Ebenso trug mich eine Sehnsucht nach einer gerechteren und menschlicheren Welt. Ich war wie gesagt in die Kriegsjahre hineingeboren und schon als Kind wurden mir die Augen für den Schmerz der Welt geöffnet. Ich glaube, das Interesse am Menschen und eine Liebe zu seinem Entfalten ist mir bei der Geburt in meinen inneren Garten eingesät worden. Dieses Interesse am Geheimnis Mensch und die Begeisterung, es zu erkunden, wurden mir zu einem inneren Muss. Ich zentrierte dann mein Interesse und suchte Möglichkeiten, die seiner Verwirklichung entsprachen. Zunächst als Juristin und dann in einem Studium der Tiefenpsychologie nach Carl Gustav Jung. Zunächst besuchte ich Vorlesungen, um meine Begeisterung zu prüfen. Sie bestand und hält bis heute an. Aufgrund eines Traumes mit Jung selbst begann ich daraufhin das Studium der Tiefenpsychologie, das mich brennend interessierte und andererseits meine ganze Hingabe, Disziplin, Geduld und Ausdauer verlangte, um es mit Familie und Beruf durchzustehen. Ich fasste den Entschluss oder vielmehr erfasste er mich, mein Leben in diesen Dienst zu stellen. Bald durfte ich erfahren, wie viele begeisternde Erkenntnisse mir dieser Weg schenkte. Auch als berufstätige Mutter hatte ich bis an die Grenzen zu gehen und all meine Lebenskraft dafür einzusetzen. Als Juristin hatte ich immer gespürt, ich verfüge über eine gute und fundierte Ausbildung in dem, was ich tue, aber ich ahnte es schon, dass ich nicht meinem Talent gemäß arbeitete. In meiner ersten Stunde, die ich dann als Analytikerin nach meinem abgeschlossenen Studium begleitete, war mir klar: Jetzt bist du an dem dir bestimmten Platz in der Welt. Ich liebe nach wie vor mit beinahe achtzig Jahren meine Arbeit mit dem Entfalten der menschlichen Seele und den Träumen ebenso wie mein Schreiben, das auch einem

Traum entspringt. Mein Leben ist dadurch einerseits innerlich bestimmter und gelassener geworden, denn aus dieser Beziehung zu den Träumen werden unsere Aufgaben im Leben klarer.

In der Pflanzenwelt geschieht vieles im Hegen und Wachsenlassen scheinbar von selbst. Als Mensch haben wir uns allerdings unserer Talente bewusst zu werden, um wirklich zu reifen. Ich müsste und würde auch heute diesen Weg wieder genau so gehen, er erfüllt mein Leben mit Abenteuer und Sinn und bewirkt ein stets neues Verwurzeltsein in meiner Tiefe.

Wir sind aber noch in andere Gegensätze unserer ganzheitlichen Natur von Bewusstem und Unbewusstem eingespannt, in jene von Frieden und Krieg und Leben und Tod, die sich in uns versöhnen wollen. Dieses Versöhnen, wie Jung es uns in seinem Spätwerk „Mysterium Coniunctionis" hinterlässt, ist nur auf einem Weg der Liebe möglich. Zwischen diesen Gegensätzen kann auch nur in der Liebe zum Weg unsere Bestimmung als Mensch sich erfüllen. Wir brauchen spirituelle Kraft, um unser Entfalten zwischen den gegensätzlichen Anlagen unserer Natur lebendig zu halten. Für die Pflanze ist dieses Wachsen in ihre Bestimmung selbstverständlich, wenn sie von uns geschützt und bewässert wird. Während wir als Mensch unsere Schatten wie die Trägheit, den Zweifel, die Angst, die unser Streben ins Licht verhindern wollen, zu begrenzen haben. Dem eigenen Entfalten das Bild eines Gartens zu schenken, in den wir täglich neu durch eine Tür eintreten dürfen, um das Schöne in uns zu schützen, zu hegen und zu stärken, dazu sollen diese Betrachtungen und Gedanken inspirieren.

Wege in den Sinn sind immer Übungswege eines steten Besinnens, deshalb haben wir Wiederholungen auch weitgehend zur Erinnerung im Text belassen.

Betrachtungen zum Garten

Heiliger Bauerngarten im Spätsommer

Du kannst ihn nur malen
die Sinne fassen
in braungoldene Schale
manches Mal
ein Rubinrot, Sonnengelb
wird Ton
ins Lied versöhnen sich
schwarzer Grashalm
und entflammter Mohn

Ute Karin Höllrigl

Gärten und besonders Bauerngärten im Spätsommer im rubinroten und sonnengelben Leuchten der Dahlien und Sonnenblumen begeisterten mich wie gesagt schon in jungen Jahren. Sie berührten etwas Heiliges in mir, ohne dass ich damals diesem Berührtsein hätte tiefer nachgehen können. Mein Leben war erfüllt von Aufgaben in Familie, Beruf und Weiterbildungen und forderte all meine Kraft im Außen. Das Sehnen nach einem noch Verborgenen, in mir Brachliegenden, das ich in diesen besonderen Augenblicken erahnte, ließ mich nicht mehr los. So suchte ich, sooft ich konnte, auf Spaziergängen Bauerngärten auf und ließ mich von der dem August so eigenen traumhaften Stimmung ein wenig verzaubern. In dem wundersamen Licht der Spätnachmittage war es mir, als zöge ein unsichtbarer Bote durchs Land, die herbstliche Fülle leise verkündend und vermeinend, dass sich Zeit und Ewigkeit in diesem milden Spätsommerleuchten vereinten und Innerstes berührten. Lange Zeit versuchte ich dann die Stimmung dieser frühen Dämmerstunde in Gedichte und Gebete zu fassen, um sie wieder und wieder zu erleben. Zum Beispiel in dieses Gebet:

> Goldgelb steht in Saat ihr Felder,
> wiegt die Halme schwer im Wind.
> In tragend Aehr' sprecht ihr von alter Mähr.
> Im wiegend Spiel gleicht ihr dem Kind.
> Herr, schenk auch Du mir Begreifen,
> unsres Sommers volle Ernte,
> ehe Stürme durch die Lande streifen,
> schenk Du uns Sicht in Dein weites Planen.
> Die du uns gesät mit Deinem Namen.

Erst viel später, in der Mitte meines Lebens, war es mir vergönnt, vertiefter dieser Sehnsucht und der Suche nach dem Zeitlosen nachzugehen und bewusst in meinem Leben einen Innenraum zu eröffnen. Es überraschte mich, dass ich so manches Mal diese besondere Stimmung nun in meinen Träumen erleben durfte und dass ihre Botschaften gleich Briefen gelesen werden wollten. Dank eines bewussten Zuwendens und Anlegens eines inneren Gartens im 30. Lebensjahr – wie Ingeborg Bachmanns Erzählung diese besondere Aufbruchszeit benennt – darf ich jetzt in meinen späten Jahren dieses milde sommerliche Leuchten in meinem

Innen und in der Natur erleben. In Zusammenschau dieser beiden Wirklichkeiten erfahre ich ein immer tieferes Verwurzeltwerden und ein geistiges Lebendigsein im Alltag. Darin bin ich allerdings immer wieder neu gefragt, die Gartentür nach innen zu öffnen und die Anemone – Sinnbild für mein Dankbarsein – zu erinnern. Mit meiner Anemone gelingt es mir immer wieder, Schattenbehaftetes in Erhellendes zum Wohl des Schönen zu verwandeln, und manchmal darf ich von Gärten, immergrünen Kränzen und Blumen träumen, einem Veilchen, das mich in die Demut öffnet, einer Sonnenblume, die sich zuversichtlich dem Licht zuwendet, oder einer dunkelroten Dahlie, die mich anregt, die Wunder des Lebens mit den Wunden zu verbinden. Sie alle erinnern mich daran, das Leben zu heiligen und die Zeit selbst zärtlich in die Hände zu nehmen, wie seinerzeit mein Bauerngarten. Nicht zu vergessen ist das Gänseblümchen, das mich stets zur Bescheidenheit ermahnt und den Blick auf das Kleine im Alltag lenkt, und die Himmelschlüssel, meine Lieblingsblumen, die ich in der allerletzten Lebensstunde noch dringend brauchen werde; sie gehören zu meinem Blumenreigen.

Sie alle möchte ich versuchen in den tönernen Krug eines Zeitlosen zu fassen und täglich mit frischem Wasser zu tränken. Denn ich glaube zutiefst, dass jeweils erst diese Schau von innen und außen auf das Schöne und die Schatten das Leben vollendet wie ein Musikstück von Franz Schubert. Doch wie kann diese stete Quelle, die den Brunnen in der Mitte eines Gartens speist, auch in unseren späten Jahren noch fließen?

Alles sehnt sich nach Ewigkeit

Angeregt durch meinen großen Lehrer, David Steindl-Rast, und inspiriert durch Rainer Maria Rilke, versuche ich dieses Leuchten eines Spätsommergartens dankbar zu erinnern und es in „die goldene Honigwabe" (Rilke) des Inneren nach Hause zu bringen. Rilke schreibt dazu in einem Brief im November 1925 an Witold von Hulewicz, seinen polnischen Übersetzer: „Wir sind die Bienen des Unsichtbaren, die den Nektar des Sichtbaren in die goldene Honigwabe des Unsichtbaren nach Hause bringen". Es ist unsere schöne und nicht ganz leichte Aufgabe, uns dieser wundersamen Erlebnisse in der Natur, Musik und Dichtung bewusst zu werden, sie zu sammeln und schweigend zu verinnerlichen, um so unser Zuhause zu kreieren. Ich bin zuversichtlich, dass diese bewusste Wandlung zwischen Licht und Schatten uns in ein Ewiges beheimatet. Für Rilke stürzt die Vergänglichkeit überall in ein tiefes Sein.

Zeit und Zeitlosigkeit

Was können wir aus dem Leben der Pflanzen für unsere Wandlung und unser Reifen, nach dem sich unsere Seele spätestens in der Lebensmitte sehnt, lernen? Wozu sind wir gefragt, wenn wir uns unser Inneres wie einen Garten vorstellen?

C. G. Jung erforschte in unserer Seelentiefe eine lebendige Zelle, sie erscheint in den Träumen als ein göttliches Kind, das unser zeitloses Werden symbolisiert und Heilendes verspricht. Es erscheint im Traum mit außergewöhnlichen Eigenschaften, ist neugeboren, aber schon weise und ist trotzdem auch immer gefährdet. Jung verglich es sinnbildlich mit dem Samenkorn einer Pflanze, das die Endgestalt bereits in sich trägt und zum Entfalten drängt. Dieses Kind ist uns aus dem zeitlosen Blick des Herzens eingeprägt. Sein Wachsen heilt in uns die zeitlichen Wunden. Sind wir also als Mensch begabt, zu werden wie die Blume? Dem Samenkorn ist das Erblühen zur Blume immanent wie unserem Traumkind. Wir unterscheiden uns von der Blume, indem uns als Mensch dieses Wachsen erst bewusst zu werden hat und darin unsere eigentliche Entwicklung und Wandlung geschehen kann. Wir sind also gefragt zum „Erkenne dich selbst".

In meiner analytischen Traumarbeit durfte ich das Wunder dieses Kindes erfahren; es lacht die Träumerin in einer Krise aus der Tiefe zärtlich an, es ist verzeihend und stets versöhnend. Wir vergessen es, lassen es ohne Nahrung oder verlieren es und es überlebt dennoch, denn es stellt unseren stärksten Überlebensdrang dar. Trotz all dieser Vernachlässigungen liebt es uns bedingungslos und hofft, dass wir uns ihm immer wieder neu zuwenden. Tun wir dies, öffnet es dankbar seine Augen. Indem wir es sehen, erkennen und bewusst begleiten, verbindet sich in seinem Wachsen Zeit und Zeitloses in uns.

Der Garten als Sehnsuchtsort

Lassen Sie uns zunächst mit dem Sinnbild des Gartens selbst beginnen. Welche Kraft liegt in ihm, und wozu kann uns der Garten inspirieren?

Aus der begeisternden Arbeit mit „inneren Gärten" ist für mich gewiss geworden, dass wir uns als Mensch danach sehnen, lebendig und zugehörig zu sein. Dies für uns zu klären, erfüllt unser Leben mit Sinn. Lebendig und zugehörig zu sein, macht uns zu Suchenden und auch unsere Wurzeln im Innen sehnen sich danach, beatmet und beachtet zu werden. Andrea Heistinger, eine begabte Gärtnerin, schuf für uns die wunderbare Bezeichnung eines „wurzelkundigen Gärtners" – der wir alle sein wollen. Wir werden etwas später im Buch versuchen, auch in einem gemeinsamen Gespräch das Leben der Pflanzen in das Verstehen verschiedener Prozesse unseres Unbewussten einzubeziehen. Anhand von Bildern und Symbolen werde ich tiefenpsychologische Betrachtungen und Gedanken mit den Naturgegebenheiten der Seele und der Pflanzen versuchen zu verbinden und diese in einem letzten Teil noch theoretisch untermauern. Die verschiedenen Zugänge – die bewusst Wiederholungen enthalten – sollen uns inspirieren, das Leben mit dem uns innewohnenden Reichtum und der Schönheit zu verbinden, den Lebenshorizont zu erweitern und Türen in neue Wege zu öffnen. Ein Königsweg darin wird das sinnbezogene Verständnis des Traumes sein.

In dieser Suche treibt uns oftmals das Leben zwischen unseren persönlichen Beziehungen und unseren Lebensaufgaben, zu denen wir bestimmt sind, hin und her. Diese Sehnsucht nach Lebendigkeit und Bewusstseinserweiterung erschien im ersten Drittel des 19. Jahrhunderts, in der Zeit der Romantik, in der Suche nach der „blauen Blume“, die sich – so waren die Romantiker überzeugt – nur im Jenseits erfüllen konnte. In der Entwicklungsgeschichte der Moderne ist durch die Tiefenpsychologie die geistige Entfaltung dann durch die Erkenntnis in einen neuen Mittelpunkt getreten. Sigmund Freud erforschte in Wien um die Jahrhundertwende die große Wirksamkeit des Unbewussten auf den Menschen und seinen Einfluss auf unsere alltägliche Erlebniswelt. Die entscheidende Frage im Umgang mit den beiden sich oftmals widersprechenden Wirklichkeiten, bewusst und unbewusst, formulierte er als ein „Warum?“. Warum reagiere ich so? Er konzentrierte diese Frage und deren Auflösung vorwiegend auf die persönliche Geschichte eines Lebens und die damit verbundenen notwendigen Verdrängungen und erlittenen Kränkungen. Einer seiner wichtigsten Schüler, Carl Gustav Jung aus Zürich, kam aus einem ganz anderen geistigen Hintergrund. Seine Fragen drehten sich weniger um das „Warum?“, sondern um das „Wozu?“. Jung erweiterte die Freud’sche Theorie des Unbewussten und erkannte einen tieferliegenden Anteil der Psyche, der weltumspannende Urbilder menschlichen Reifens in sich birgt. Er nannte ihn das „kollektive Unbewusste“

und die anordnende Kernzelle „das Selbst“, die er mit dem Samenkorn einer Pflanze verglich. Jung konzentrierte seine Forschungen vor diesem Hintergrund auf eine mögliche Entfaltung des Menschen und erkannte, dass das Unbewusste ein Prozess ist, der bewusst werden will und die eigentliche Wandlung und Entwicklung der Psyche bewirkt. Sein Forschergeist war vor allem ressourcen- und zukunftsorientiert und er hinterließ uns einen erweiterten Zugang zum Unbewussten, der autonom ist, indem der Traum das Bewusstsein sinnbezogen ergänzt. Träume dienen darin dem Schöpfen unserer Licht- und der Verwandlung unserer Schattenseiten und bewirken jene Bewusstseinserweiterung, nach der wir uns sehnen. So kann heute diese Sehnsucht nach der „blauen Blume“ der Romantik durch eine Beziehung zu unserer eigenen Innenwelt, dem Unbewussten, eine Erfüllung finden.

Der Garten als Sehnsuchtsort, wie mir Andrea Heistinger, die Agrarwissenschaftlerin, so wunderbar erklärte, wurde tatsächlich ursprünglich für Rauschpflanzen angelegt, die der Sehnsucht des Menschen nach Bewusstseinserweiterung dienten. Heute ist gewiss, dass diese Sehnsucht sich auf den uns unbewussten Seelenanteil richtet und sich nur auf einem achtsamen Weg erfüllen kann. Zu allen Zeiten haben die Menschen jedoch auf verschiedene Art und Weise diesen Zugang zur Bewusstseinsintensivierung gesucht, angestrebt und ersehnt. Auf diesem Weg, das Ersehnte anzustreben und unsere Talente zur Reife zu bringen, sind wir vor allem gefragt, unsere wilden Triebe zu begrenzen und zu zähmen, um sie letztendlich wandeln zu können und verwandeln zu lassen, wie es uns die Natur vorlebt. Wir sehen dies sinnbildlich wunderbar in einem Kulturgarten, in dem vor allem die das Wachsen gefährdenden Triebe und Schädlinge durch einen Zaun oder eine Mauer begrenzt werden und Unkraut täglich sorgsam gejätet wird, um das Erblühende zu schützen.

Unter einem inneren Traumgarten verstehen wir, wie uns die große Mystikerin und Klostergründerin Teresa von Avila in ihrer Schrift „Weg der Vollkommenheit" beschreibt, den Garten als Sinnbild menschlichen Wachsens und Reifens. Sie inspiriert uns mit der Aufforderung: „Wer mit einem geistlichen Leben beginnt, ist wie jemand, der einen Garten anlegen will – damit sich der Herr gern darin ergehe, damit er gern in diesen komme ..."

Heute, aufgrund der tiefenpsychologischen Erkenntnisse, möchte ich diese weisen Gedanken erweitern in einen Garten, in dem sich ein Kind – Sinnbild unseres ewigen Werdens – freut aufzuwachsen. In diesem Sinne wollen wir versuchen, den Garten und das Wesen der Pflanzen für unser menschlicheres Reifen fruchtbar werden zu lassen. Es soll ein Versuch unserer Betrachtungen sein, von den Naturgesetzen zu lernen, denn inneres Reifen hat vieles mit den Pflanzen gemein. Es ist ein bewusstes Hegen im Innen, aus dem uns auch eine Menge zuwächst. Dieses unser Wachsen begleitende innere Lebendigsein bezeichnet Hildegard von Bingen als „Grün-Energie", die alles durchdringt. Auch der Benediktiner-Mönch David Steindl-Rast, der die Schule der Dankbarkeit ins Leben rief, sieht das Lebendigwerden als die größte Sehnsucht des Menschen. Wie aber werden wir lebendig?

Werden wir lebendig, wenn unsere Wurzeln atmen? Wir wollen in diesen Betrachtungen die Natur eines Gartenlebens so heranziehen, dass es für unser Werden befruchtend wird. Die Pflanze kann uns auch lehren, ein beurteilendes, schuldhaftes Wachsen in ein freudvolles zu verwandeln. Oder können Sie sich eine Blume mit Schuldgefühlen vorstellen?

Ist der innere Garten zunächst auch ein Schutzraum?

Einen inneren Garten anzulegen, fragt uns nach einem bewussten Zuwenden zu einem Prozess des Reifens, das uns als Mensch in einer Kernzelle gleich einem Samenkorn eingeprägt ist. Es ist ein Wachsen in unsere tiefste Bestimmung als Mensch – die Humanität. In diesem Prozess sind wir bestimmt, unsere Lichtseiten zu schöpfen, diese immer wieder neu zu erinnern und die Schatten zu wandeln; wir können darin aus einem Leiden im Kreis heraustreten und den Fokus zukunftsorientiert auf Wandlung und unseren inneren Reichtum richten. Alte Muster und Wertvorstellungen werden sich verändern und unser Blick wird sich auf das Jetzt und nach vorne auf unser Entfalten richten.

Was bedeutet das genau für uns? Es bedeutet zunächst ein Beachten der inneren Welt, die den größten Teil unserer Psyche ausmacht und unser bewusstes Handeln wesentlich beeinflusst. Wir dürfen dieses Werden mit unserem Unbewussten als einen Weg verstehen, den wir wie mit einem Freund gehen, der sich für uns interessiert, uns begleiten will und uns gewogen ist. Er kann auch viele sinnvolle Ideen aus einem uralten Wissen an uns herantragen. Das vorwiegende Ziel beider ist der Weg selbst und wie sie ihn miteinander beschreiten. Es ist ein gemeinsames Gehen aus einer Achtsamkeit des Herzens heraus. Dieser Blickwinkel und das Eingebundensein unserer verletzlichen Seiten wirkt heilend auf unsere Wunden und umkreist uns beschützend. Dieses Umkreistsein ist eine Erfahrung der Menschen, die den Weg gehen; es schließt ein, dass wir eine Vision in uns tragen, Schönheit für uns und die Welt zu kreieren.

Was macht für uns einen schönen Menschen aus? Ist es sein warmes Herz, seine Güte, ein Strahlen, das von innen kommt, das Versöhnende und das Über-seine-Unvollkommenheit-lächeln-Können, weil er einem Urgrund zugehörig ist, in dem er angenommen und geliebt ist? Ist er ein erfahrener Mensch, der um die Tiefen und Abgründe des Lebens weiß, der durch sie hindurch gereift ist? Hat er die Schatten als Teil des Menschseins angenommen und seine Lebenssicht erweitert in ein tiefgründiges Verstehen und in eine Mitmenschlichkeit?

Wie könnte dies geschehen? C. G. Jung versteht diese Selbstverwirklichung des Unbewussten als eine Begegnung mit dem innersten Seelenkern, in dessen Dienst sich unser Leben stellen will. In seinen Erinnerungen schreibt er im Roten Buch: „Der Geist der Tiefe lehrte mich, dass mein Leben umschlossen ist vom göttlichen Kinde. Aus seiner Hand kam mir alles Unerwartete, alles Lebendige. Dieses Kind ist es, was ich als ewige Quelle der Jugend in mir fühle. Das Kind ist potentielle Zukunft."

Gehen wir aber nun wieder zurück zum Garten als hegendem Schutz vor wilden Tieren und Schädlingen. Welche Fragen stellen sich für uns daraus? Unser innerster Seelenkern erscheint sinnbildlich im Traum als ein Kind, das wie der Same einer Pflanze in seine Entwicklung drängt. Welchen Schutz könnte nun dieses Kind, das unsere potenzielle Zukunft ist, auch von uns erbitten?

Der erste hegende Schutz für dieses Kind ist ein bewusstes Sehen und Begleiten seines Wachsens in unserem Innen. Es wird beschützt durch den Blick auf unsere innere Schönheit, unsere Gabe und Begabung und das Begrenzen wilder Triebe in uns – wie Verurteilungen, Demütigungen und Selbstbestrafungen, die sich auch gegen es selbst richten, auch wenn es immer wieder verzeiht. Denn diese Schatten wirken automatisch in uns, während wir unsere Talente und das Erhellende bewusst zu schöpfen und zu schützen haben. In diesem Werden sind wir jedoch gefragt, auch das Ungezähmte als zur menschlichen Natur zugehörig zu sehen und es zunächst anzunehmen, um es begrenzen und verwandeln zu können.

Dies bedeutet für uns zu erkennen, welche Einstellungen das Humane in uns selbst bedrohen. Sind es unsere Ängste, Zweifel oder Neid? Als das Wesentliche erscheint mir, dass wir beginnen, bewusst das Wachsen selbst zu hegen, das unsere innere Schönheit bewirken will. Es sind all unsere Gedanken, Phantasien und Emotionen, die wir zu beachten und gegebenenfalls zu erweitern oder zu begrenzen haben. Denn der Wachstumsprozess, von dem wir sprechen, will sich aus einem zunächst quälenden Zugehen auf die Dinge in einen wohlwollenden Weg verwandeln, auf dem wir uns getragen fühlen dürfen.

In ihm stellen wir unser Wachsen in den Mittelpunkt und verzichten auf Schuldzuweisungen. Wir beschreiten den Weg der Erkenntnis, auf dem wir lernen, verändern, mitfühlen, vergeben und versöhnen – mit dem Nächsten und uns selbst.

Das bedeutet, immer wieder neu wie im Garten die Schädlinge zu begrenzen und das Unkraut zu jäten. Dieses Hinwenden zu unserem Werden als Mensch in einer Ganzheit aus Wurzel und Blüte verlangt von uns freudige Hingabe sowie Askese im Sinne eines zielgerichteten Übens von Geduld und Ausdauer, wie von einem Künstler für sein Werk verlangt wird. In unseren Betrachtungen zum inneren Wachsen ist es unser seelischer Innenraum als Mensch, der sich zu einem blühenden Garten entfalten will.

Ich bin lebendig, wenn die Wurzeln atmen

Ich bin lebendig, wenn meine Wurzeln atmen, war der Gedanke, den Peter, mein Sohn, spontan äußerte, als ich ihm von der Idee erzählte, den Garten sinnbildlich als einen inneren Traumort zu betrachten. Diese Idee, unsere Wurzeln zu beatmen, inspirierte uns wohl beide, ihn als Umweltwissenschaftler und mich mit den tiefenpsychologischen Erfahrungen aus meiner Arbeit. Lebendigsein und zu Wachsen ist wohl die große Sehnsucht des Menschen. Sie bewegt ihn, sei sie ihm bewusst oder unbewusst. Ihre Erfüllung fragt jedoch eben nach einer neuen Verwurzelung des Menschen der Moderne in seiner inneren Welt. C. G. Jung erfuhr aus seiner lebenslangen Arbeit, dass der Mensch darin Sinn findet. Er sah die Krise unserer Zeit als eine Sinnkrise. Wie könnte diese Sinnfindung im raschen Wandel der äußeren Welt geschehen? Für Jung lag es in einer Beziehung des Ich zu seinem Unbewussten, in dem diese Selbstverwirklichung im Dienst eines inneren Selbst steht, das die Wandlungen in uns anordnen will. Er setzte es, wie bereits erwähnt, dem Samenkorn einer Pflanze gleich und schreibt dazu: *„Dieser Wandlungsprozess bewegt sich zwischen Bewusstem und Unbewusstem, wobei die Inhalte des Unbewussten so aufgenommen werden, dass sie nicht entwurzelt werden“*, denn *„diese Entfaltung physischen und geistigen Wachstums geschieht von oben nach unten und vice Versa, wie in der Natur.“* Dazu sind wir als Mensch bestimmt und es erfüllt unser Leben mit Sinn.

Tiefenpsychologisch bedeutet dies *„ein erkennendes, lernendes, liebendes Zugehen auf uns selbst und auf die zu wandelnden Dinge"*. Eine Einstellung, die verändert, mitfühlt und sich mit dem Du und den Gegensätzen verbinden und versöhnen kann. Betrachten wir das Bild eines klösterlichen Gartens, so könnte der Brunnen in der Gartenmitte jenem ewigen Quell gleichen, der in unserer inneren Wandlungsfähigkeit verborgen ist.

Wie könnte dies nun auch ein Wissenschaftler in seinem Alltag umsetzen? Einerseits ganz einfach, in einem Immer-wieder-Innehalten und Nach-innen-Horchen, sei es auf dem Weg zur Arbeit oder vor den Essenszeiten, um den inneren Bildern, Phantasien und Tagträumen einen Raum zu geben, ohne sofort den Anspruch zu stellen, sie zu verwirklichen. Anstelle uns an ihnen selbst zu erfreuen, brechen wir ihr nährendes Lebendigsein oftmals ab, wenn wir zu schnell an ihre Realisation im Außen denken. Uns an der Phantasie selbst zu erfreuen, ist wesentlich dafür, dass unsere Wurzeln überhaupt atmen können, und beglückt uns im Augenblick. Die Phantasie gleicht dem Samen einer Blume, die sich in unserem inneren Garten verwirklichen will, die jedoch ihre Zeit braucht, um zu wachsen. Aber nicht alle Samen werden zu Pflanzen, dennoch ist die gelebte Freude in uns und in der Welt wesentlich. Die Geduld ist eine Grundnahrung für das Wachsen, das wir wie ein Gärtner übend erlernen dürfen, sowie das stete Dranbleiben am Hegen und Pflegen unserer inneren Pflanzen.

Erst ein vertiefter Zugang zu uns selbst bewirkt unser wirkliches Lebendigsein. Dieser vertiefte Zugang bedingt ebendiese Entscheidung, uns achtsam unserer Innenwelt zuzuwenden. Ihre Prozesse und das Vereinen gegensätzlicher Tendenzen, deren Bewusstwerden ja erst unser Lebendigsein und Entfalten hervorruft, sind geprägt von einem großen Reichtum an Träumen und Bildern. Sie wollen erkannt und verwirklicht werden. Diese bewusste Beziehung zum Unbewussten initiiert unser Anlegen eines inneren Gartens und das eigentliche Lebendigwerden und Atmen unserer Wurzeln.

Die Gartentür

EINSAM SEIN INS ALL-EINS-SEIN
Du meine heilige Einsamkeit,
du bist so reich und rein und weit
wie ein erwachender Garten.
Meine heilige Einsamkeit du –
halte die goldenen Türen zu,
vor denen die Wünsche warten.

Rainer Maria Rilke

Kunst und Religion schenken uns in dem uralten Symbol der Tür oftmals einen Zugang zu uns selbst in eine uns unbewusste und zunächst auch geheimnisvolle Welt. Sie zieht uns unweigerlich an und ängstigt uns gleichzeitig. Im Verständnis des christlichen Abendlandes gleicht die Tür dem Glauben, der uns erst einen Weg eröffnet, auf dem sich die uns immanenten Gegensätze von Licht und Schatten in der Liebe vereinen können. Jeder hat auch individuell eine eigene Tür in seiner ganz persönlichen Gabe, mit der er diesen Weg mit der Welt teilt. Franz Kafka schildert dies in seiner großartigen Parabel „Vor dem Gesetz“ und zeigt visionär auf, dass wir in diesem Eintreten durch die Tür Widerstände zu überwinden haben. Um uns einem neuen Bereich zu öffnen, der uns zugehörig werden und einem inneren Garten gleichen will, brauchen wir Mut. Das Öffnen dieser Tür, die uns etwas Neues, Beglückendes verheißt, ist in unsere Sehnsucht und Unruhe des Herzens hinein verborgen. Verlangt ist oftmals unsere Bereitschaft zum Risiko, das einem Öffnen in Unbekanntes immer immanent ist. Wir sind daher gefragt, uns vorher bewusst zu stärken, denn die Widerstände – wie der Zweifel – wirken automatisch. In Träumen suchen Menschen oftmals nach dieser Tür, bis sie erkennen, dass diese in ihrem eigenen Innen zu finden ist. Diese Tür will uns allen einen Weg eröffnen, auf dem wir einerseits unsere Gabe erkennen und schöpfen und andererseits unsere Widerstände und Schattenseiten verwandeln. Auf ihm steht unsere innere Schönheit des Versöhnens und der Mitmenschlichkeit im Fokus, denn die Verwandlung von der Wurzel bis zur Blüte, wie in einem Garten, ist der Mittelpunkt. Sie wird von der Quelle aus dem Brunnen in der Gartenmitte gespeist. Diese kosmische Energie stärkt allumfassend unser Wachsen und durchströmt die Welt, wie uns die christlichen MystikerInnen Hildegard von Bingen und Pierre Teilhard de Chardin lehren. Heute entdeckt immer mehr auch die Naturwissenschaft dieses Feld.

Die Gartentür in diese „Grün-Energie“ mutig und kraftvoll zu öffnen, bedeutet, ein wurzelkundiger Gärtner zu werden, und sie erscheint zumeist in den Träumen als die gesuchte Tür. Wir haben sie immer wieder neu zu öffnen, eine Tür, die uns immer wieder den Blick des Herzens auf unseren Weg, den Nächsten und uns selbst öffnen will.

Die Brücke in den inneren Garten

In St. Gerold, einer von Benediktinermönchen geleiteten Propstei, beschritt ich vor über vierzig Jahren die Brücke in meinen inneren Garten. Der wunderbare Klostergarten erfreute nicht nur mein Herz, er war zugleich symbolisches und ordnendes Bild einer mir noch unbekannten Reise nach innen. In der klösterlichen Umgebung konnte ich vor allem langsam die Spannung vom Einsamsein ins All-eins-Sein überbrücken. Hier an diesem stillen, abgelegenen Ort in den Bergen fiel der Zeitdruck eines übervollen Alltages mit Familie und Beruf plötzlich weg. Die Energie, die vorher ganz nach außen gerichtet war, sollte sich nun plötzlich nach innen richten. Was ich jedoch zunächst fühlte, war eine schmerzende innere Leere, die ich anzunehmen und durchzustehen hatte, bis erst langsam von innen aus dem scheinbaren Nichts eine Fülle aufbrach. Morgendliche Rituale im Klostergarten und der kleinen Kapelle mit ihren Gedanken und Worten stimmten mich jeweils zuversichtlich auf den Tag ein. Lange Spaziergänge durch abgeerntete Felder und Wiesen in der bunten herbstlichen Natur halfen mir wesentlich, auch körperliche Spannungen auszuhalten. Wie einzelne Sonnenstrahlen aus dem dichten Nebel, die über dem Tal aufbrachen, erschienen mir die inneren Bilder, Gedanken und Träume, die mir auf einem Serpentinenweg Biegung um Biegung zuwuchsen. Bis endlich, ganz oben auf der Bergeshöhe angelangt, die Sonne den Nebel vollständig ablöste. Manchmal dachte ich, so könnte meine innere Reise aussehen. Es entstand in mir der starke Wunsch, mein Leben unten in der Stadt dem hier oben anzugleichen, wo das Innere mitatmen durfte. Viele Jahre in meinem Leben suchte ich immer wieder diese klösterliche Stille auf und tue es bis heute in den späten Jahren meines Lebens. Diese beiden Wirklichkeiten haben sich wesentlich aufeinander zubewegt und ich komme jedes Mal wie in meine spirituelle Heimat nach Hause. Es ist gut, Kraftorte treu zu pflegen, auch sie nehmen uns immer wieder vertraut auf. Meine stärkste Erfahrung aus der Spannung der beiden Gegensätze ist die Dankbarkeit und Fülle, wenn ich unten in der Welt wieder ankomme. In diesen Augenblicken brauche ich Dankbarkeit nicht zu üben, ich *bin* sie.

Eine wesentliche Inspiration erinnere ich bis heute besonders: Vergleiche nie die Fülle und Intensität des

Alleinseins mit den Erlebnissen in der Gemeinschaft, sie unterscheiden sich wesentlich in ihrer Intensität. Diesen Gedanken las ich in dem Buch „Flüstern der Seele“ von Rabindranath Tagore. Als Mensch brauchen wir beide Ebenen, wie es uns auch die Mönch-Gemeinschaften vorleben. Diese Erkenntnis half mir über viele Enttäuschungen hinweg. Rilke dichtet es ja so wunderbar: „Du meine heilige Einsamkeit, du bist so reich und rein und weit wie ein erwachender Garten.“

Unser innerer Reichtum gleicht einem Blumengarten

Gleicht unser innerer Reichtum tatsächlich einem Blumengarten? Die Natur und die Kunst offenbaren uns den Reichtum und die Schönheit des Blumengartens in Sinnbildern und Gleichnissen. Dieser Schatz ist in unsere Wurzeln des Unbewussten hinein verborgen und will entdeckt werden. Philosophie, Märchen, Religionen und die Tiefenpsychologie sprechen davon. Sie lassen uns Unsichtbares in Worten und sinnlichem Erleben sichtbar werden und tragen den inneren Reichtum an Schönem aus unserer Tiefe an uns heran. Stellen Sie sich eine blaue Blume des Vertrauens vor, denn diese ist eine unserer Weggaben. Sie ist im Blumensamen schon ganz in uns kreiert, bedarf aber noch eines Hegens und Pflegens, um zu erblühen. Nehmen wir unser Vertrauen wie in einem Garten in Kultur und ordnen die gezähmten Triebe einer Mitte zu, wächst es uns freudig entgegen. Unser eigener

Weg gleicht unweigerlich der Selbstversorgungsidee eines Gartens, allerdings aus eigener Tiefe.

Der Klostergarten

Vom Wachsen der Pflanzen und Blumen im Klostergarten habe ich gelernt, wie sie sich stets geduldig und freundlich in den Dienst des Erblühens ihres Wesens stellen. Ich glaube, sie kennen unser Zweifeln nicht. Oder erscheinen ihre Widerstände im Unkraut? Dem menschlichen Wachsen vertiefter dienen zu können, ist ja unser Anliegen an den Klostergarten. Wir wollen versuchen, von der Ordnung dieses besonderen Ortes und von den Blumen und Pflanzen für unser inneres Wachsen in ein erfülltes und lebendiges Leben, in dem die Wurzeln atmen können, zu lernen.

Das erste an uns gestellte Anliegen ist: Wie bringen wir unser äußeres Zeitmaß mit den inneren Gesetzmäßigkeiten in einen stimmigen Einklang? Diese oftmals entgegengesetzten Gegebenheiten scheinen in unserer schnelllebigen Zeit einem steten Wandel zu unterliegen. Die Frage ist, wo befindet sich in dem steten Wandel der ruhende Punkt? Nehmen wir den Klostergarten als Sinnbild, so findet sich in der Mitte zumeist ein runder Brunnen, dessen Wasser einer unendlichen Quelle zu entspringen scheint. Aus all den Erfahrungen tragen wir ein ruhendes und aus sich selbst lebendiges Zentrum in unserer Tiefe. Es kreiert stets all unsere Gedanken, Träume und Erinnerungen, die unserem Wachsen in unsere Ganzheit als Mensch und unserer Wandlung dienen. Der Quell speist den Blick des Herzens auf das Ruhende und Lebendige, auf Licht und Schatten in einem sich stetig wandelnden rhythmischen Kreislauf.

Die sorgfältigen Bahnen der Beete, die von allen Seiten durch Wege zugänglich werden, sind in eine kosmische Ordnung der Ganzheit von vier Quadraten eingebunden. Die grundlegende Ordnung des Mönches ist unter anderem: Liebe dich selbst als den Nächsten und tue dem anderen nicht, was du dir selbst nicht zufügen würdest – und vice versa. Heißt es nicht, wer ohne Schuld ist, werfe den ersten Stein, und du siehst den Splitter im Auge des anderen, den Balken im eigenen nicht? Der mönchische Weg ist ein strenger Übungsweg, um im Ansturm des Schattenhaften in diese Grundsätze immer tiefer hineinzuwachsen. Wir tragen alle einen Mönch oder eine Nonne in uns, die sich verwirklichen will, auch in unserem weltlichen Leben. In manchem haben wir es leichter und in manchem schwerer. Die Tiefenpsychologie hat für unseren Weg überaus hilfreiche Ansätze erforscht. Ordnen beginnt zunächst in uns mit einem Erkennen und Begrenzen dessen, was unser Wachsen hindert. Übergeordnet ist diesem unsere Suche nach Sinn. Es scheint, dass unser inneres Gärtnern zunächst mit einem Trennen und Schützen beginnt, um das Schöne in uns in seinem Wachsen zu stärken und um die wilden Triebe zu zähmen, um sie in einer späteren Phase zu wandeln und sinnbezogen in unser Reifen einzubinden. In der quadratischen Ordnung begreife ich unser Einordnen als einen großen sinnbezogenen Zusammenhang unseres Reifens, der seit Urzeiten die Menschen bewegt und uns Erfahrungen geschenkt hat. Die vier Quadrate können wir verstehen als Vater und Mutter in ihrer bedingungslosen Liebe, als Sohn, den Weg in diese Liebe, als den heiligen Geist, unser stetes Wachsen zwischen den Gegensätzen, und viertens als Sophia, die weibliche Seite Gottes – als die große Gebärende des Weges in die Welt. Dieser Schöpfungs- und Wandlungsprozess in uns selbst wird später wie ein Blumengarten zum Heil und zur Freude anderer Menschen erstrahlen.

Gedanken zum inneren Garten

Ein Garten entsteht

Es ist allgemein bekannt, dass der mittelalterliche Klostergarten ursprünglich als ein Nutzgarten zu monastischer Autarkie angelegt wurde. Die Gestaltung war von christlicher Symbolik und Weltdeutung beeinflusst.

Andrea Heistinger lehrt uns einen erweiternden Blick, indem sie erklärt, dass die ersten Pflanzen, die in Kultur genommen worden sind, Rauschpflanzen waren wie etwa Schlafmohn. Rauschpflanzen, die also Zugang zu anderen – spirituellen – Bewusstseinsebenen erzeugen konnten. Sie dienten der Sehnsucht des Menschen nach Bewusstseinserweiterung. Genau dieser Sehnsucht dient unser Pfad gleich einem Beatmen unserer Wurzeln auf natürlichem Wege, indem wir das Schöne erkennen, hegen und pflegen und vor allem vor Schädlingen schützen, durch einen bewussten Schutzraum gleich einem Garten. Wir nehmen mit diesem die wilden, gegensätzlichen Triebe in Kultur und ordnen sie in Gesetzmäßigkeiten um einen runden Brunnenschacht in quadratischer Form und in Beeten an. Ein Bild der Anordnung, das mich schon im Schreiben berührt. Ein Quadrat, das unsere eigenen inneren Triebe geraderückt und wandelt, das Schöne schützt, um es dann nach außen wachsen zu lassen. Wie uns die Pflanzen lehren, ist es ein Wachstumsprozess, in dem wir als GärtnerInnen unser Mögliches tun und darauf vertrauen, dass uns aus der Tiefe gleichzeitig vieles zuwächst – wenn wir es nur beachten.

Der Garten im Dienst der Selbstversorgung

Dem Gedanken der Selbstversorgung für unseren inneren Garten kann ich viel Zustimmendes abgewinnen. Selbstversorgung bedeutet im menschlichen Entfalten, in unsere Ganzheit – Bewusstes und Unbewusstes – gleichermaßen zu wachsen. Unser Selbst, das einem lebendigen Samenkorn gleicht, zu erkennen und uns von ihm auch aus seinem spirituellen Urgrund, der uns eigen ist, versorgen zu lassen, begründet unsere Eigen- und Selbstständigkeit. Denn alles, was uns unbewusst ist – zwei Drittel unserer psychischen Möglichkeiten –, will bewusst werden. Alles, was unbewusst ist, wurzelartig unter der Erde schlummert und wuchert, verlegt sich in der Projektion nach außen in die Welt und in unsere Beziehungen, es macht uns abhängig. Der spirituelle Urgrund ist versehen mit einem Auge des Herzens auf die Wesen, die wir *sind* und *werden*. Dazu sind wir begabt.

Das Werden aus einer Achtsamkeit des Herzens gleicht einem Brunnen in der Mitte des Gartens. Diese Quelle verspricht uns eine neue Geburt, die sich im Bild des Kreises oder Quadrates und im Sinnbild des Kindes zeigt. Der Brunnen bildet das Zentrum des Gartens, das uns ewig nährt. Wie im Pflanzenreich sind in unser Werden unsere Talente eingebunden – die vermehrt werden wollen. Dieses bewusste Einpflanzen unserer Gaben ist wie in der Natur eingespannt in gegensätzliche Triebwelten, die das Wachsen auch stören und verhindern können. Allzu Wildes will zunächst ausgegrenzt werden, da das Wachsende noch eines Schutzraumes bedarf wie ein Neugeborenes. Ich denke da an Emotionen wie Hass, Angst, Zweifel, Wut und Rachegelüste, die in uns zunächst begrenzt werden wollen, um sich wandeln zu können; und sie wollen sich wandeln, ebenso wie wir uns nach Vertrauen und Frieden sehnen.

Gleicht unsere Begeisterung einem Samenkorn?

Zeigt uns hier die Natur in der Begeisterung etwas auf, das in unseren Garten auch gleich einem Samenkorn eingesät werden und sich entfalten möchte? Begeisterung und Freude sind verwandt und machen uns unsere Gaben bewusst. Auch das Samenkorn unserer zutiefst eingeprägten Humanität gleicht einem Senfkorn, das sich in uns ebenso entfalten möchte wie die schönste Blume in einem Bauerngarten. Das Wachsen, Blühen und Reifen im Garten beginnt allerdings mit dem Lockern der Erde, dem Jäten von Unkraut, sodass es sich allmählich in Humus verwandeln kann. Erst dann beginnt das Säen des Samens. Lockert sich unsere Erde im Loslassen von Illusionen, Vorstellungen und Erwartungen, indem wir unsere inneren Wurzeln beatmen und Räume schaffen für das Wachsende?

Das Anlegen eines inneren Gartens

Dieses reifende Wachsen in uns, das Teresa von Avila visionär mit einem Garten vergleicht, verlangt zunächst von uns, die gegensätzlichen Naturgesetze – die widerstrebenden Tendenzen anzunehmen. Nur darin kann sich auch das Gegensätzliche in uns wandeln und das Schöne erblühen. Der Prozess bewegt sich in einer Konfliktsituation zwischen einer versöhnenden, humanistischen Seite und vergeltenden Rachegedanken der Schattenseite. Zwischen diesen Gegensätzen eröffnen wir unseren inneren Garten, um zu reifen. Die Verbindungstür in diesen Raum, in dem unsere innere Schönheit und die Versöhnung geschützt wird, braucht von uns einen klaren Entschluss, diese innere Arbeit auch in die Hand zu nehmen. Diese verlangt wie gesagt freudige Hingabe, Stetigkeit, Ausdauer und Geduld. Der Fokus auf unserer Wandlung in die innere Schönheit anstelle von Vorwürfen lässt unser Leben sinn- und friedvoller werden. Wandlung bedeutet Gnade. Auch dieses Werden kann nur Früchte tragen, wenn wir es in behutsame, fleißige Hände nehmen wie der Gärtner sein Pflanzenreich. Die Blume wächst allerdings aus sich selbst heraus, ihren inneren Gesetzen gemäß, zur schönsten, ohne dass sie sich dessen bewusst ist, wenn sie gepflegt und beschützt wird. Dieses liebevolle – langsame reifende – Werden haben wir genauso auch in uns zu beachten. In diesem neuen In-uns-selbst-verwurzelt-Werden ist unsere Würde beheimatet. Anders als im Leben der Pflanze ist jedoch von uns ein bewusstes Gärtnern gefragt und ein achtsames Öffnen unserem eigenen Wachsen gegenüber, damit es Raum erhält und sich auch ereignen kann.

Die Erde lockern

Die Erde zu lockern bedeutet, diesen befreienden Prozess in uns ernst zu nehmen und ihm einen Lebensraum zu geben, auch wenn wir zunächst noch nicht wissen, wohin er uns führen wird. Die Wegstationen werden uns aus dem Gehen und den Träumen erst sichtbar. Aktives Tun und vertrauendes Geschehenlassen sind seine Grundnahrung mit einer Bitte an den Schöpfer, dass er mitgestaltet und uns Mut gibt, damit unsere Blume die stärksten Stürme übersteht. Das verlangt von uns immer wieder kleine Momente des Innehaltens, damit die Erde und Wurzeln beginnen können zu atmen und unsere inneren Bilder und Träume lebendig werden. Nach und nach wird sich uns eine ungeahnte Fülle an Phantasien, Träumen und Bildern öffnen. Das bedeutet aber noch nicht, einen inneren Garten anzulegen; das wäre ein zweiter großer, das Bewusstsein erweiternder und sinnerfüllender Schritt.

Alte Muster „umstechen“

Verhaltensmuster, Wertvorstellungen einer Familientradition und Kultur haben unser Eigenes oftmals so überdeckt, sich so tief in uns eingeprägt, dass unser Wesen nicht lebendig werden kann. Gärtner unseres Eigenen zu werden, könnte damit beginnen, das Erdreich für ein persönliches Wachsen zu lockern und unser Glück und die Erfüllung nicht mehr von außen zu erwarten, sondern uns den eigenen Wurzeln zuzuwenden, sie zu erkennen und für sie Lebensraum zu schaffen. Diese Umkehr ist nicht ganz einfach. Sie beginnt mit einem Unterscheiden und damit, das für uns Wesentliche zu stärken. Manchmal ist dies auch mit einem ängstlichen Gefühl verbunden, einsam zu sein, das sich aber aus der Fülle des Eigenen wieder erlöst. Offen sein für etwas Neues, eine Phantasie, eine unkonventionelle Lösung, an die wir noch nicht gedacht haben, kann uns im Übergang sehr helfen. Ein Lockern unserer Erde fragt uns nach dem Loslassen von fremden Vorstellungen, die uns nur scheinbar tragen. Den inneren Halt gibt uns nur die eigene Wurzel, eingebunden in das Wachsen aller Menschen, die das Individuelle suchen müssen. Wir dürfen darin vertrauen, dass sich immer wieder ein Weg zeigt, wenn wir selbst mutig die Tür öffnen. Gleich einer Tür, die wir in einen Garten immer wieder auftun, um unsere Pflanzen zu hegen, aus dem uns wieder ein Lebendigsein des eigenen Wesens zuwachsen kann.

MystikerInnen stellen ihre Erfahrungen mit dem Lichten in den Mittelpunkt ihres Alltages, wir aber vergessen sie oftmals. Dies zu üben, stärkt immer wieder neu unsere Zuversicht, die es ermöglicht, das tägliche Unkraut der Gefühle zu jäten. Zweifelndes und

Ängstliches verhärtet unser inneres Erdreich, Zuversicht lockert es, ebenso das Besinnen auf Augenblicke, in denen wir uns getragen fühlen. Begleitet zu sein von unseren inneren Wurzeln schenkt uns Vertrauen, dass uns etwas gelungen ist. „Das kann ich" ist zum Beispiel ein wunderbarer Gedanke, der die Erde lockert. Versuchen Sie es!

Träume zeigen uns wunderbar in eigenen Bildern, welche Dinge sich noch in unseren persönlichen Garten einpflanzen wollen. Die Samen unserer Talente sind ja bereits gesät und es ist an uns, sie zu erkennen und zu hegen, dass sie sich entfalten können. Vieles ist in uns angelegt und es bedarf eines Ordnens unserer Gaben sowie einer Entscheidung, welche davon wir besonders betreuen und vertiefen wollen. Wir sind irdisch begrenzte Wesen und haben uns in einer Vielfalt von Gaben dessen bewusst zu sein. Gustav Klimt, der visionäre österreichische Maler, hat uns in der goldgelben Spirale, die seinen Lebensbaum durchzieht, mit einem Wachsen neu beschenkt, das in seiner harmonischen Bewegung Zeitliches und Ewiges zu verbinden vermag, wie es auch der Urpflanze eigen war, aus der alle anderen entstanden sind.

Die Verwandlungen im Garten

Die Verwandlung im Garten beginnt damit, uns auf unser Wachsen in eine menschliche Schönheit zu konzentrieren, das Lichte zu schöpfen und die Schatten zu wandeln. Richten wir unseren Blick nach innen, werden wir uns darin schnell unseres doppelten Ursprunges bewusst, einer tiefen Sehnsucht nach Liebe und Vertrauen, aber auch Gegenspielern wie ängstlichen und zweifelnden Gefühlen. Den Garten als Sinnbild menschlichen Reifens zu verstehen, ist ein Versuch, unsere inneren Schönheiten wie Mitgefühl, Frieden, Versöhnung und Humor zum Blühen zu bringen und unsere entgegengesetzten Triebe wie Vergeltung zu begrenzen, zu zähmen und letztlich zu verwandeln. Dieser stete Wandel – zusammen mit ausgewählten augenblicklichen Erfahrungen – erzeugt in uns einen leisen Strom des Lebensglückes und der Freude. Es ereignet sich wie im Garten in einem steten aktiven Tun und einem Geschehenlassen, in dem uns Antworten zureifen.

Über diese Wandlung sprechen vorwiegend Märchen und unsere Träume. Wir haben grundsätzlich auch das Wilde wie in der Pflanzenwelt anzunehmen, um es zu kultivieren. Wesentlich ist, dass wir beachten und bemerken, ob wir Kraft dazu haben. Das Märchen „Aschenputtel" lehrt uns, das Gute lange zu stärken, bevor es sich einer Auseinandersetzung mit den Stiefschwestern – den eigenen inneren demütigenden Stimmen – stellt. Manchmal haben wir den Schatten auch zu lieben, wenn die Träume es in einer Kuss-Szene vorschlagen; oder eine List zu erfinden, wie im Märchen „Der Geist in der Flasche"; oder wir haben uns spielerisch zu verstecken oder auch mit einer Tarnkappe ganz unsichtbar zu machen für das Dunkle in uns.

Manches Mal dürfen wir sogar flüchten oder ihm gar keine Nahrung geben, selbst wenn wir um es wissen.

Unser anordnendes Zentrum – das Selbst – will in uns eine Vereinigung der gegensätzlichen Tendenzen erreichen. Wir sind gefragt, uns diesem unbewussten Prozess zuzuwenden und eine bewusste Beziehung zu ihm aufzubauen, damit er sich verwirklichen und zugleich eine Wandlung in uns bewirken kann. Das Samenkorn will und kann in der menschlichen Seele eine neue Geburt bewirken. Dieses bedingungslose Ja zu unserem Wachsen ist unserer Tiefe eigen. Es kreiert eine neue Heimat in uns, aus deren Herzenskraft sich unsere Kindheitswunden mildern, überwachsen oder heilen können. Treten wir in diese grüne Energie des Wachsens ein – wie die Mystikerin Hildegard von Bingen sie benennt –, treten wir auch in einen kosmischen Kreislauf, aus dem uns immer wieder ein besonderer Schutz zufließt.

Die innere Zeit

Jede Pflanze hat ihre eigene Zeit, schreibt Byung-Chul Han in seinem wunderbaren Buch „Lob der Erde, eine Reise in den Garten“, er sagt darin: „Im Garten kreuzen sich viele, Herbst- und Frühlingskrokusse, sehen sich ähnlich, aber haben ein ganz anderes Zeitgefühl. Jede Pflanze hat ein ganz anderes Zeitgefühl, ein anderes Zeitbewusstsein ... Der Garten gibt mir Sein und Zeit. Ich werde zeitreicher.“

Wie aber werden wir zeitreicher?

Schenkt uns das Zuwenden nach innen, zu unseren Wurzeln ein anderes Zeitgefühl? Und was ist von uns für diesen Zeitreichtum gefragt? Jedenfalls die kleinen Augenblicke des Innehaltens im Alltag, die unsere Wurzeln atmen lassen. Sie schaffen uns Raum für ein Dankbarsein, das unsere Zeit wesentlich reicher werden lässt. Wir werden auch zeitreicher, indem wir unsere Nachtträume in unser Bewusstsein einbeziehen, die Zeit und Zeitloses miteinander verbinden. Darin schöpfen wir auch unsere ganz eigene Zeit, die uns bereichert.

Und wir lernen, dass unser inneres Reifen wie in der Pflanzenwelt nicht beschleunigt werden kann. Unsere Gefühle reifen langsamer, auch wenn die Erkenntnis schon lange da ist. Demut und Geduld sind die Schlüssel, die uns bereichern. Aus einem Klostergarten-Buch erfuhr ich, dass auch die Pfingstrose mehrere Jahre braucht, bis sie sich entwickelt, das Wachsen geht nur langsam weiter und endet meist erst nach acht bis zehn Jahren. Es gibt Sorten, die über zwanzig und dreißig Jahre alt werden; sind sie deshalb Sinnbild von Pfingsten, dem Fest der allverbindenden Sprache – der Liebe? Dies gab der wundersamen Pflanze auch ihren sinnigen Namen.

Wie werden wir zu guten Gärtnern?

Die Pflanzen schenken uns das Sinnbild eines Werdens, das aus einem kleinen Samenkorn oder einer Wurzel seiner Zeit gemäß reift. Wie beispielsweise die Zwiebel der Tulpe, die drei Jahre unter der Erde bis zur Blüte reift. Wie gehen wir nun als guter Gärtner mit diesem langsamen Werden um? Von Andrea Heistinger erfuhr ich, dass sich die Pflanze zu unserer Freude entfalten und gesehen werden will. Also ist Gartenarbeit nicht nur meditativ, sondern will uns auch Freude bereiten. Diese Erfahrung wollen wir ebenfalls auf unsere innere Arbeit übertragen. Selbst wenn sie manchmal anstrengend ist mit dem vielen Unkraut, das es zu jäten gilt, soll sie uns vor allem Freude bringen, denn wir werden befreiter und lebendiger. Hildegard von Bingen schenkt uns dazu noch ihre Vision einer allverbindenden grünen Energie, einer Kraft, die kosmisch alles Wachsen und Werden in der Welt durchzieht. Zunächst allerdings erinnert uns die Mystikerin, dass der Same in eine gelockerte, gedüngte Erde eingesät werden soll, um sich seiner eigenen Zeit gemäß zu entfalten und zu erblühen oder zu einer Frucht zu reifen – zu der er von Anbeginn bestimmt ist.

Ein guter Gärtner ist ein wurzelkundiger Gärtner

Wir dürfen die Idee aus der Natur auf unser inneres Wachsen übersetzen und anwenden. „Ein guter Gärtner ist ein wurzelkundiger Gärtner“ bedeutet für uns ein bewusstes Wachsen mit unserem Unbewussten, nach dem wir uns sehnen, das bewusst werden und sich verwirklichen will. Wir haben dort besonders achtsam zu werden, wo ein Erblühen bedroht wird. Das ursprüngliche Streben der Mönche nach Autarkie lässt sich wunderbar auf unseren inneren Garten übertragen. Das Streben nach „Selbstversorgung“ in den Klöstern bedeutete, aus eigenen Ressourcen zu schöpfen, um damit selbständig zu werden. In diesem Verwirklichen unserer unbewussten Gabe kreiert sich auch unsere Selbständigkeit.

Die Zeit wie ein Gebet

In der atemlosen Zeit der Postmoderne sind wir mehr denn je gefragt zur Demut vor unserem Werden als Mensch und unserer Würde sowie zum Hinwenden nach innen, indem wir im Laufe des Lebens immer tiefer in unsere Menschlichkeit hineinwachsen. Rituale sind wie Gebete wesentliche Begleiter im Ordnen unserer äußeren und inneren Zeit und im Vereinen und Versöhnen unserer gegensätzlichen Gefühle. Unsere Rituale dürfen sich auch im Laufe des Lebens verändern, denn erst das Bewahrende und Sich-Wandelnde zu verbinden, bewirkt unser Lebendigsein. Es fordert uns auf, in kleinen Auszeiten nach innen zu horchen, wozu es Zeit ist, zu säen oder zu ernten. Es gibt Rituale, die sich in stetem Gleichmaß wie ein goldener Strom durch unser Leben ziehen und unsere Mitte immer wieder neu kreieren. Diese stärken vor allem das Bewahrende in uns und dieses ermutigt uns auch zu neuen Bewegungen.

Die Natur ist verzeihend

Diesen wunderbaren Gedanken schenkte mir ein leidenschaftlicher Gärtner aus seinen Erfahrungen. Er berührte mich sogleich, da Verzeihen und Versöhnen unserer Schönheit als Mensch besonders zugehörig ist. Allerdings fragen diese beiden Blumen in unserem inneren Garten nach besonderem Schutz vor den wilden Trieben des Bestrafenden und Rächenden. Ihre Verwandlung und die Vereinigung dieser Gegensätze in uns sind Sinn und Ziel unserer persönlichen Gartenreise. Wir dürfen diesem besonderen Glanz unseres Wesens im Lauf des Lebens immer mehr entgegenreifen. In diesem Werden nähern wir uns dem angestrebten Glück immer wieder an und entfernen uns auch wieder, aber wir sind begabt zu unserer Schönheit, immer wieder neu aufzustehen. Das bewirkt unser Lebendigsein und kreiert unser Selbstvertrauen.

Es lohnt sich, geduldig zu beobachten, was in der Seele im Stillen geschieht, und es geschieht das Meiste und das Beste, wenn es nicht von außen und oben reglementiert wird. Ich gestehe es gerne und leicht: „Ich habe eine solche Hochachtung vor dem, was in der menschlichen Seele geschieht, dass ich mich scheuen würde, das stille Warten der Natur durch läppische Zugriffe zu stören und zu entstellen“, schreibt C. G. Jung.

Innerer und äußerer Garten

Ute Karin Höllrigl im Gespräch mit der Agrarwissenschaftlerin Andrea Heistinger

Ute Karin: Du hast mir in einem Gespräch erklärt, in einem Garten sollen wir diejenigen Blumen zusammenpflanzen, die sich fördern. Ich möchte diesen Gedanken hier aufnehmen, dass wir zwei Blumen sind, die sich gegenseitig fördern, die zusammenpassen.

Andrea: Ja, es gibt Pflanzen, die sich gegenseitig in ihrer Entwicklung fördern. Zum Beispiel kann eine Pflanze der anderen als Rankgerüst dienen, dafür versorgt die eine die andere mit Nährstoffen. Das ist nur eines von vielen Beispielen. Das ist auch ein schönes Sinnbild für eine Freundschaft, in der man sich gegenseitig in seiner Entwicklung fördern kann.

Ute Karin: Seit vierzig Jahren lese ich einen Satz von C. G. Jung: „Das Unbewusste ist ein Prozess. Erst das Bewusstwerden dieses Prozesses bewirkt unsere eigentliche Entwicklung und Wandlung". Und ich beginne ihn immer tiefer zu verstehen, ebenso diesen anderen Gedanken von ihm, in dem er eine so tiefe Achtung ausdrückt vor unserer inneren Natur und dem, was dort geschieht. Sein großes Prinzip ist ja, dass sich unsere innere Verwandlung vollzieht in einem Wechsel zwischen aktivem Tun und passivem Geschehenlassen. Und gerade dieses Vertrauen, dass in uns auch etwas geschieht, wenn wir gerade nicht aktiv etwas tun, dürfen wir entfalten.

Andrea: Ja, das Vertrauen, dass etwas auf uns zukommen kann. Etwas, das wir durch noch so viel aktives Tun nicht erreichen könnten. Zum Beispiel kann der Gärtner seine Pflanzen gut mit Dünger versorgen, sodass sie genug Kraft haben, um zu blühen. Doch um Samen zu bilden, brauchen die meisten Pflanzen Bienen und andere Insekten, die sie bestäuben.

Ute Karin: Da helfen uns gerade die Pflanzen, bei denen so viel aus dem Geschehenlassen entsteht. Der Gärtner will bewusst etwas, aber viele Schritte geschehen bei der Pflanze nicht bewusst. Auch in uns brauchen diese Prozesse Atem und Raum. Ich fühlte mich lange Zeit kraftlos und mein Arzt, der auch Osteopath ist, sagt schon ganz lange, dass wir im Winter eigentlich als Mensch in unserer Natur auch eine Ruhezeit bräuchten, aber überhaupt keine Rücksicht unserer inneren Natur gegenüber nehmen, sondern das äußere Tempo ist gleich wie immer. Erst ein Traum brachte das erste Mal wieder Lebensenergie. Es wurden Dinge für mich bereitet, etwa eine Biskuitroulade, eine riesige – dick gefüllt mit Erdbeeren. Es waren Menschen da, eine Familie, ein Hotel, überall war Energie. Und da ist mir so bewusst geworden: Wir warten oft nicht, bis diese Energie von innen kommt. Zum Beispiel die Tulpe, die ja eine Frühlingspflanze ist und deren natürliche

Entwicklung beginnt, wenn es im Frühling wieder wärmer wird.

Andrea: Ja, ihre Blätter strecken und entfalten sich mit der steigenden Bodentemperatur. Und schließlich blühen sie, auch wenn es zwischendurch noch Nachtfröste gibt. Wie würdest du dies auf uns Menschen übertragen? Müssen wir manchmal nur zuwarten, bis eine innere Kraft zu uns kommt?

Ute Karin: Ja, aber dazu braucht es auch besondere Orte. Ein Garten kann durchaus so ein besonderer Ort sein.

Andrea: Für mich ist der Garten ein geschützter Raum. Ein geschützter Ort, in dem Wachstum und Verwandlung möglich sind. Und gleichzeitig ein Ort, der nicht hermetisch von der Außenwelt abgeriegelt ist. Die Außenwelt wirkt immer auch in den Garten ein. Schon alleine über die Temperatur und die Jahreszeiten. Ob es regnet oder der Wind weht, ob die Sonne am wolkenlosen Himmel scheint oder das Sonnenlicht durch Wolken gefiltert wird. Das sind alles Einwirkungen von außen in den Garten. Und trotzdem ist der Garten eben nicht die freie Natur, sondern die geschützte und in Kultur genommene Natur. Den Schutz braucht es, damit ein besonderes Wachstum möglich ist. Wir bauen im Garten Kulturpflanzen an. Diese könnten in der freien Natur ja gar nicht überleben. Diese Kulturpflanzen, ob Gemüse oder Blumen, würden in der freien Natur vergehen und von den Wildpflanzen wieder überwachsen werden. Sie haben besondere Eigenschaften, die erst im Dialog zwischen Menschen und Pflanzen entstanden sind. Salat zum Beispiel bildet einen wunderbaren großen Kopf, der aus vielen süßen Blättern besteht. In der freien Natur würde er sofort gefressen werden, weil er den Tieren auch gut schmeckt. Hingegen ist der wilde Vorfahr des Salates bitter, hat kleine Blätter, und wenn man es nicht weiß, erkennt man kaum, dass diese zwei Pflanzen miteinander verwandt sind. Dieses Werden der Kulturpflanzen beschäftigt mich seit vielen Jahren. Man weiß vieles. Zum Beispiel, dass alle unsere Kulturpflanzen von Wildpflanzen abstammen und dass Menschen dann in jahrzehnte- und jahrhundertelangen Ausleseprozessen immer jene Pflanzen weiter vermehren, die ihnen guttun. Menschen haben Kulturkürbisse gezüchtet, deren Fleisch frei von Bitterstoffen ist. Hingegen enthält der Wildkürbis Cucurbitacine, die bitter und für uns Menschen giftig sind. Oder: Kulturtomaten sind viel größer und aromatischer als Wildtomaten. Trotzdem bleibt immer ein Geheimnis dabei. Ein Stück weit ist nicht ganz genau bekannt, wie es zu diesen Veränderungsprozessen gekommen ist, weil der Mensch nur etwas auslesen kann, was die Natur ihm irgendwie anbietet. Immer wieder habe ich den Eindruck, dass Pflanzen uns Menschen unglaublich wohlgesonnen sind und ihre Formen- und Farbenvielfalt und vor allem ihre Nahrhaftigkeit uns Menschen wie zur Verfügung stellen. Der Garten ist ein Kulturraum, der von

Menschen geschaffen ist, aber gleichzeitig wäre das üppige Wachstum im Garten nicht möglich, wenn die Pflanzen uns Menschen nicht so wohlgesonnen wären.

Ute Karin: Ich möchte von den Pflanzen lernen, weil ich das Gefühl habe, die Pflanzen bieten uns für unseren inneren Prozess der Wandlung oder der Kultur noch mehr Bildsymbole als Gemälde, weil ihnen eine Lebendigkeit innewohnt. Für mich sind drei Dinge ganz wesentlich. Du hast gesagt: Wir tragen, also der Gärtner trägt etwas bei, das heißt, er züchtet den Salat so, dass seine Blätter keine Bitterstoffe mehr enthalten. Das ist jetzt eine ganz lebendige Frage! Eines unserer Lebensziele ist es ja, dass wir am Ende unseres Lebens nicht verbittert sind. Der ganze Weg, den Jung erforscht hat und den wir hier anbieten, ist eine Kultur der Seele, das heißt, die vielen ungeordneten Triebe zwischen Schönheit und Schrecken – wie Rilke es sagt – oder zwischen Unkraut, Destruktion und den schönsten Blumen in eine Ordnung zu bringen, dass wir zu unserem eigenen Wesen wie eine Blume werden, also blühend werden, die wir sind. Und da ist jetzt noch diese Frage, wo bietet uns der Garten ganz genau Schutz? Was genau schützt der Garten?

Andrea: Erst ein Zaun macht einen Garten zu einem Garten. Manche Gärten, allen voran die Klostergärten, sind sogar von schützenden Mauern umgeben. Sie schützen vor Wind – der ja das Wachstum von Pflanzen hemmt –, vor wilden Tieren, vor ungebetenen Gästen, aber auch vor neugierigen Blicken, vor der Hast der Straße, die am Gartenzaun vorbeiführt. Im Garten ist es ruhig, Gärten sind in der Regel Orte der Ruhe und des Rückzuges. Manchmal sind sie auch Orte der Begegnung oder auch Orte des Ausblicks.

Ute-Karin: Der Garten bietet also einen geschützten Raum und besondere Bedingungen. Kannst du noch etwas über die besonderen Wachstumseigenschaften des Gartens erzählen?

Andrea: Ich würde dazu gerne von einem Beispiel berichten. Die Erde im Garten ist so fruchtbar, wie Erde in der freien Natur gar nicht sein kann. Sie wird deswegen so, weil sie von uns Menschen bearbeitet, immer wieder aufgelockert und gedüngt wird. Durch das Auflockern kommt Sauerstoff in den Boden, und dieser Boden kann allein dadurch schon viel mehr belebt sein als ein ungelockerter Boden. Wir haben in Gartenböden eine unglaubliche Lebendigkeit, wenn man sich die Mikroorganismen anschaut, also die ganz kleinen Lebewesen, Pilze und Bakterien, die hier leben. Wenn über Jahrhunderte an ein und demselben Fleckchen gegärtnert wird, entsteht eine eigene Bodenart, nämlich die Hortisole. Und diese Hortisole unterscheiden die Bodenkundler als eine eigenständige Bodenart, und zwar unabhängig davon, wie die Ausgangsgesteinsart, die Ausgangsbodenart war. Also ähnlich wie Wildpflanzen durch das Zutun des Menschen zu Kulturpflanzen werden, werden „wilde“

Böden durch das Zutun von uns Menschen zu Kulturböden. Das geschieht dadurch, dass zum einen die Menschen den Boden immer wieder lockern und zum anderen den Boden enorm anreichern mit organischer Masse, also mit Humus.

Ute Karin: In meiner Kindheit haben Gärten schon eine Rolle gespielt. Ich habe in Erinnerung, dass die Brennnesseln nicht im Blumengarten waren, sondern im Gemüse- und Sträuchergarten. Da war ich andauernd, wenn ich Himbeeren und Brombeeren gegessen habe und verschmiert nach Hause kam – auch die Haut rot gefleckt von oben bis unten von der Brennnessel.

Andrea: Die Brennnessel wächst häufig unter dem Hollerbusch und an nährstoffreichen Standorten. Im Blumengarten würde man sie ausjäten, aber zum Beispiel entlang von Schuppen oder Schupfen findet man sie – so ein bisschen als Wegbegleitpflanze ist die Brennnessel in vielen Gärten zu finden.

Ute Karin: Und wie ist das im Gemüsegarten?

Andrea: Dort würden kräftige Pflanzen neben der Brennnessel gedeihen, wie zum Beispiel Tomatenpflanzen oder Kohl. Es gibt zwei Arten von Brennnesseln: die einjährige und die mehrjährige. Meistens wächst ja die mehrjährige Brennnessel im Garten und die ist am besten, wenn sie auch außerhalb der Gemüsebeete wächst, damit man sie einfach lassen kann, dort, wo sie eben nicht andere Pflanzen überwuchern kann – wo sie trotzdem ihren eigenen Platz hat.

Ute Karin: Was mir von dem, was du jetzt beschrieben hast, zentral erscheint, ist, dass wir im Garten auch Pflanzen haben, die den Boden bereiten für andere, die den Boden anreichern mit Humus und dann eben ein ganz besonderes Wachstum schaffen für die Kulturpflanzen.

Andrea: Wenn man sich den Garten von seiner Geschichte her so ansieht, dann sind ursprünglich Wildpflanzen in den Garten gesetzt worden und dort besonders gepflegt und ausgelesen und besonders gedüngt worden, auch mit dem Mist der Tiere, den man gezielt in den Boden eingearbeitet hat. Dadurch haben die Pflanzen ein ganz anderes Wachstum überhaupt entwickeln können.

Ute Karin: Ich glaube, wir müssen uns auf die Wildpflanzen konzentrieren, die durch den geschützten Hort und die Pflege zu Kulturpflanzen werden.

Andrea: Was mir immer wieder in den Sinn kommt: Es gibt so unterschiedliche Arten und Weisen des Gärtners. Es gibt die Gärten, die geschniegelt und gestriegelt sind und wo jedes kleine Unkräutlein, das keimt, sofort weggejätet wird, die fast überordentlich gepflegt werden. Und dann gibt es auch noch die Gärten, die wir gerne „Bauerngarten“ nennen: wo zu

Beginn Ordnung geschaffen wird und man die Pflanzen dann auch ein Stück weit ihrem eigenen Wuchs überlässt und wo sie manchmal wirklich wild durcheinanderwachsen.

Ute Karin: Bauerngärten liebe ich besonders. Dieser Prozess, von dem ich hier spreche und der mir so am Herzen liegt, ist eben die innere verwilderte, chaotische menschliche Natur zu kultivieren. Es heißt umgangssprachlich sogar „die Kultivierung der Seele".

Andrea: Ist das ein Begriff, den C. G. Jung auch verwendet hat?

Ute Karin: Ja, und wie! Es geht um die Kultur der Seele. Ich beginne jetzt so richtig zu verstehen, dass wir ein völlig ungeordnetes Triebleben in uns haben, zwischen einer großartigen inneren Schönheit und einem Unkraut. Und destruktiven Umständen, die das dauernd bekämpfen. Jetzt könnte man schauen, was können wir da jetzt lernen vom Garten. Also du hast schon gesagt, der Gartenboden ist ein besonderer Boden.

Andrea: Alte Gartenböden sind humusreich und fruchtbar, sie sind dunkel und sehr gut belüftet. Sie sind nicht verdichtet, sondern locker, sodass die Pflanzenwurzeln sich gut ausbreiten können.

Ute Karin: Wodurch werden sie dunkler, wodurch werden sie so gut belüftet und locker? Das sagt nämlich Teresa von Avila auch; sie vergleicht die Seele mit einem Garten, bei dem zuerst das Erdreich fest ist. Wir müssen zunächst einmal das innere Erdreich lockern und in einen guten Zustand bringen.

Andrea: Der Gartenboden wird locker, indem wir den Boden lockern. Ganz einfach, wirklich mit unseren Handwerkszeugen, mit unseren Gartengeräten, indem wir dort einen Lebensraum schaffen, zum Beispiel für Regenwürmer. Regenwürmer lockern und düngen den Garten für uns. Sie kommen in einem biologischen Garten häufig vor, sie wandern in den Kulturgarten ein. Es gibt eigene Regenwürmer-Arten, die wir nur im Kompost und im Garten finden.

Ute Karin: Das sind große Geheimnisse. Das innere Lockern bei uns Menschen könnte geschehen, indem wir diesem Prozess einen bewussten Schutzbereich geben, der kosmisch wirkt und in dem wir lockerer sein können. Wir sind ja alle von Lockerheit sehr weit entfernt. Wenn wir diesen Schutzbereich bewusster gestalten, geben wir dem inneren Werden einen Raum.

Andrea: Du meinst, das Lockern hat auch etwas damit zu tun, Illusionen und Wunschbilder loszulassen?

Ute Karin: Unbedingt! Das sagt auch so großartig Hilde Domin: „Der Wunsch nach der Landschaft diesseits der Tränengrenze taugt nicht, der Wunsch, den Blütenfrühling zu halten, taugt nicht“. Wenn ich in der

Beziehung immer in einer Vorstellung vom Blütenfrühling bin, dann scheitert sie sicher. Eine Beziehung ist wie ein Garten zwischen zwei Menschen.

Andrea: Was ich so spannend finde: Es gibt immer wieder Menschen, denen es ein tiefes Anliegen ist, möglichst naturnah zu gärtnern und möglichst wenig einzugreifen in den Garten, also zum Beispiel nicht zu düngen oder eben nicht den Boden zu lockern. Interessanterweise ist das auch nicht unbedingt der Weg zum gärtnerischen Glück. Unlängst hat mir eine Gärtnerin erzählt, bei ihr im Garten wachse nur Blattgemüse, aber das Fruchtgemüse wachse nicht. Und sie hat mich gefragt, woran das liegen könnte. Ich meinte, dass dies eine Frage der Düngung sei, offensichtlich sei nicht genug Wuchskraft im Boden. Fruchtgemüse braucht viel mehr Nährstoffe als Blattgemüse. Manche wollen das nicht hören und nicht wahrhaben, dass es jedes Jahr frischen Kompost braucht, damit es üppiges Wachstum im Gemüsegarten geben kann.

Ute Karin: Kompost und Düngen – was heißt das für die menschliche Seele? Das ist ganz wesentlich, dass du dem inneren Wachsen etwas zusätzlich zuführst, oder? Jetzt kommt mir David Steindl-Rast in den Sinn, der sagt, dass hinter allem auch die menschliche Sinnfindung steht. Über die Sinne zum Sinn.

Andrea: Ja, versorgen mit Nährstoffen, die uns guttun – über die Sinne zum Sinn. Was wir aber nicht vergessen dürfen: Der Kompost braucht eine Reifezeit, eine Ruhephase. Kompost entsteht aus organischem Material, aus Pflanzenresten, aus Grasschnitt und Laub usw. Alles, was so im Garten anfällt, wird wieder zu Kompost und letztlich wieder zu Dünger für andere Pflanzen.

Ute Karin: Nochmals eine Frage zur Tulpe und ihren Wuchsgesetzen. Eine Tulpenzwiebel muss ja drei Jahre im Boden sein, und dann erst bilden sich in der Zwiebel Blattriebe. Und aus diesen kleinen Blatttrieben werden dann kleine Zwiebeln um die große Zwiebel herum. Habe ich das richtig verstanden?

Andrea: Nicht ganz, eine kleine Zwiebel hat zunächst einen Blatttrieb in sich. Im ersten Jahr treibt sie mit einem oder zwei Blättchen aus. Diese Blätter assimilieren das Sonnenlicht. Sonnenlicht ist Energie. Die Energie wird eingelagert in die Zwiebel und es können weitere Blätter angelegt werden. Im nächsten Jahr entstehen schon mehrere Blätter und im dritten Jahr findet in der Ruhephase der Zwiebel die Umwandlung eines Blatttriebes in einen Blütentrieb statt. Und erst dann kann die Tulpe blühen – im dritten Jahr. Und danach bildet die Mutterzwiebel in der Erde kleine Tochterzwiebelchen, die diesen Prozess von Neuem durchmachen. Wenn eine Mutterzwiebel dann Tochterzwiebeln gebildet hat, vergeht sie selbst.

Ute Karin: Ein Blatttrieb wird umgewandelt in einen Blütentrieb, sozusagen wie von selbst und rein durch die Zeit, durch die Ruhe. Und wenn man so viel düngt, beschleunigt man dann diesen Prozess?

Andrea: Eben gar nicht, für diesen Reifeprozess braucht es zweierlei: eine Ruhezeit und eine Kälteeinwirkung.

Ute Karin: Wenn wir jetzt wieder auf die Seele übergehen. Stell dir vor, was ist das für ein Umgang mit unseren Gedanken, mit unseren Gefühlen, wenn wir sie achtsam zuordnen. Mir gehen Welten auf und reuige Gedanken kommen an meine Vergangenheit und wie wir mit uns selbst umgehen. Ein Beispiel vom Friedhof in St. Gerold hat mich fasziniert. Alle Gräber haben die gleichen Blumen und ich kenne diesen Friedhofsgarten seit über vierzig Jahren. Vor zwei Jahren bin ich in den Garten gekommen und habe gefragt: „Was ist da passiert? Das schaut ganz anders aus und die Blumen blühen viel intensiver und sind meinem Gefühl nach wesentlich glücklicher." Dann habe ich den Gärtner gesucht und ihn gefragt, und er hat gesagt: „Wir haben nur die Hälfte eingesetzt und jetzt hat jede mehr Platz."

Andrea: ... und kann dann ein viel kräftigeres Wurzelwerk ausbilden und sich so viel besser mit Nährstoffen versorgen und dementsprechend intensiver blühen.

Ute Karin: Konzentrieren wir uns auf die Wurzel und die Wandlung. Denn das ist das, wovon viele Menschen heute abgeschnitten sind: von ihrer inneren Verwurzelung. Das ist eigentlich das Thema, uns nach innen zu verwurzeln und diese Gesetze zu achten. Erst dadurch werden wir freudiger und liebevoller. Da kann man auch viel bescheidener werden, weil uns schon etwas ganz Einfaches glücklich machen kann. Fassen wir nochmal zusammen: Der Garten ist ein Schutzbereich für eine Verwurzelung auch nach innen. Und in diesem Innen können unsere Talente zum Blühen gebracht werden. Das ist ja einer der stärksten Sätze in der Bibel, dass wir unsere Talente zu vermehren haben. Das wären eigentlich die geschenkten Blumensorten, die wir zu schützen haben vor unseren Zweifeln und Ängsten und all diesen wilden Emotionen. Und dieser Schutz, den unsere Talente auch benötigen, um zur Entfaltung zu gelangen, entsteht einerseits durch aktives Tun und andererseits durch das Geschehenlassen und dadurch, den Dingen ihre innere Zeit zu geben. Und gerade das scheint mir im Schutz eines Gartens besonders gut möglich zu sein.

Traumteil

Die Sinnfrage in der Tiefenpsychologie – Gedanken zum Weg

Der Film „Der magische Garten" zu Gustav Klimts Malereien – gezeigt in einer Ausstellung im Wiener Museum für Angewandte Kunst im Jahr 2018 – inspirierte mich gemeinsam mit einem Traum mit Hildegard von Bingen, den Garten als Sinnbild für unsere innere Arbeit mit Träumen zu wählen. Das Gespräch und die Freundschaft mit Andrea Heistinger und ihr wunderbarer Begriff einer wurzelkundigen Gärtnerin bestärkte unsere Idee, die Welt der Träume und die der Pflanzen miteinander zu verbinden. Unsere menschlichen Wurzeln sind nicht nur wie die der Pflanze unsichtbar, sie folgen ähnlichen Gesetzen wie dem aktiven Tun und Geschehenlassen. Sie gehorchen einer inneren Zeit, in der Wandlungen geschehen, die nicht beschleunigt werden können. Gefühle reifen langsamer, als unsere Erkenntnis, die schon in uns da ist. Die visionäre Kunst, die Religion, die Natur und unsere Träume sprechen darüber, wie auch eine Zeile aus Rilkes wunderbarem Gedicht „Geduld": *... dass wir auch das Ungelöste und die Fragen lieben dürfen, bis uns eines Tages die Antworten aus der Tiefe zureifen ...*

Wir konnten im Museum mittels einer Virtual Reality-Brille in den „Klimt-Garten", in seine magischen Blumenszenen, die uns vor allem in Spiralen bunt und golden umspielten, für fünf Minuten eintreten und fühlten uns selbst wie ein lebendiger Teil dieses zauberischen Gartens. Gerade dieses Erlebnis bewegte mich neu zu der Frage, was begeistert mich in der Arbeit mit Träumen? Ist es vor allem der sinnbezogene Blickwinkel der analytischen Psychologie? Oder dass Unsichtbares in ihnen sichtbar wird? Ein Teil dieser Begeisterung ist Gabe und unerklärlich, ebenso wie das unerschöpfliche Interesse am Geheimnis Mensch und seinem Entfalten, über das Kunst, Religion und besonders die Dichtung ebenso wie die Natur sprechen. Unsere Träume dürfen wir in diese großen künstlerischen Visionen des Mensch-Werdens einordnen, ebenso wie auch die Märchen. Denn Märchen erzählen uns in menschheitsumspannenden Bildern über ein Reifen in die Liebe, das sich häufig in einer Hochzeit am Ende erfüllt. Oder darin, wie im Zauberer von Oz die Heldin innerlich gereift wieder nach Hause zurückkehren kann. Märchen zeigen uns vor allem ein Umgehen mit dem Bösen und den Schwächen, verstanden als das noch zu entwickelnde Gute. Wir dürfen unsere Träume orientierend in diese archetypischen Entwicklungsphasen einordnen. Träume zeigen uns das individuelle Zugehen auf die Dinge und den eigenen Zeitplan unseres Entfaltens. Wenn wir, wie in einem Garten, unsere innere Schönheit anstreben, so haben wir einerseits unser Samenkorn Humanität – in dem wir als Mensch selbst das Werk sind – in den Mittelpunkt zu stellen.

Wir sind zu diesem Weg begabt und auch berufen, deshalb nenne ich den Weg selbst unsere Begabung.

In den Träumen erscheint der Weg als ein göttliches Kind – ein ewig Werdendes in uns –, das wir zu erkennen, zu begleiten und vor Bedrohung zu bewahren haben. Dieses besondere Kind ermöglicht uns eine neue Geburt, die alle unsere persönlichen Verletzungen zu mildern, zu überwachsen und auch zu heilen vermag. In diesem neuen Aufbruch zu uns selbst dürfen wir immer wieder scheitern und sind auch darin getröstet und geliebt. Unser Beitrag ist, aus Rückschritten als Lernende und Verwandelte aufzustehen! Jung erforschte diese uns immanente Begabung als einen Prozess in unserem Unbewussten, der, wird er uns bewusst, unsere eigentliche Entwicklung und Wandlung bewirkt. In einem Traum ist dieser Prozess beschrieben als ein bewusstes Fließen mit dem sich in uns ereignenden immateriellen Wandel. Andererseits tragen wir Samenkörner unserer Talente und Gaben in uns, die auf unseren fruchtbaren Boden fallend sich vermehren wollen. Wir erkennen sie an dem, was uns begeistert oder freut! Wir wählen jetzt bewusst, gleich einem Garten, einen begrenzten Ort, der dazu bestimmt ist, unsere Begabung und Gaben zu schützen und zu fördern. An diesem Ort dürfen unsere Wunden heilen und Wildes darf sich zähmen. Hier wird auf Schuldzuweisungen gegen uns selbst und andere verzichtet, denn wir sind davon Befreite, wenn wir den Weg gehen und uns entfalten. Dieser Weg ist allerdings nicht ganz einfach, er geht vor und zurück wie im Labyrinth und wir kommen mit jedem neuen Aufbruch der Mitte näher. Jung hat diesen Ort im „Roten Buch“ als ein inneres Kloster beschrieben. In unserem persönlichen Prozess sind wir durch unsere eigenen inneren Bilder und die Träume begleitet. Er wird von einer Kernzelle gesteuert und angeordnet, dem Selbst, das Jung dem Samenkorn eines Baumes gleichsetzt. Die Träume orientieren uns individuell auf dem Weg und zeigen uns auf, wie wir mit den ungeordneten Seiten wie Angst und Wut oder Zweifel umgehen und wie wir sie verwandeln können. Denn nicht nur wir sehnen uns nach Vertrauen, auch das Angstvolle und Schwache in uns will sich wandeln und entwickeln.

Wir tragen einen geistigen Weg per se in uns

Jung erkennt aus der Analyse von 80.000 Träumen und seinem persönlichen Prozess, den er eindrücklich im Roten Buch schildert, dass wir einen geistigen Trieb per se in uns tragen und die psychische Energie wertfrei in archetypischen Bahnen fließt. Diese haben sich in der Menschheitsgeschichte unter anderem aus Auseinandersetzungen mit Krieg und Frieden, Zweifel und Angst, Liebe und Hass in uns geformt. In diese allgemein menschlichen Bahnungen – die Archetypen – fließt unsere individuelle Energie. Zu diesen Urbildern und Urgeschehen gehören unter anderem Vater und Mutter, König und Königin, der Held und die Schatten, das hilfreiche Tier sowie die Verwandlung von Krieg in Frieden.

Der Garten als ein Ort des Träumenden

Das Urbild des göttlichen Kindes, Sinnbild ewigen Wachsens bestimmt uns als Mensch auch träumend. Träume zeigen uns in einem dem Eigenen dienenden Zeitplan ein Entfalten in unsere Ganzheit. Es geschieht in einer Beziehung zwischen unserem Ich und mit unserem Unbewussten. Dieser Entfaltungs- und Wandlungsprozess ist, wie gesagt, in große, menschheitsumspannende Zusammenhänge eingebettet, die uns die Natur, die Kunst und die Religion vorzeichnen. Träume zeigen uns in Bildern und oftmals scheinbar verwirrendem oder märchenähnlichem Geschehen, wohin unser persönlicher Weg gehen kann und will. Sie sind ein Kompass unserer möglichen Entwicklungen und wir haben sie zu entschlüsseln. Wenn wir wie in einem Garten unsere Schönheit als Mensch zum Erblühen bringen wollen, so ist einerseits wesentlich unsere persönliche Gabe, die in uns schon angelegt ist, zu erkennen, zu schützen und zu fördern. Dabei sind die ungezügelten Triebe wie Angst und Rache zu begrenzen und letztlich in das Schöne, die Versöhnung und den Frieden zu wandeln. In dem umhegten Ort eines Gartens können wir unsere Talente gleich dem Samen einer Blume schützen und in ihrem Entfalten nähren und bewässern. Gleichsam zentrieren wir uns darin auch auf unsere ganzheitliche Wandlung in unsere Humanität. Das Verwirklichen unserer Gabe schenkt uns Freude und Kraft für den Weg. Auf ihm wird allzu Wildes zunächst ausgegrenzt werden, um zu seiner Zeit entsprechend integriert werden zu können, beispielsweise Wut und Hass in einen heiligen Zorn, der zur rechten Zeit am stimmigen Ort gelebt werden kann. Im Pflanzenbereich werden Same und Erdreich miteinander beachtet, wie wir es bei dem französischen Landschaftsarchitekten und Philosophen Gilles Clément nachlesen dürfen. In unserem inneren Garten sind wir durch unsere Bilder und die Träume darin begleitet. Sie zeigen uns auf, wie wir mit unseren ungezähmten Schattenseiten umgehen können. Unser Bereitsein, uns zu verwandeln, lockert die Erde. Der Alltag, unser Zusammenleben mit anderen Menschen und die Welt ist diese Erde, in der unser Übungsweg der Wandlung sich verwirklichen will und kann.

Der Mensch selbst als ein schöpferisches Werk

Durch seine lebenslange Forschung erkennt Jung, dass der Mensch selbst ein schöpferisches Werk ist. Dieses unserer Psyche innewohnende Prinzip will, dass alles, was uns unbewusst ist, bewusst wird und dass sich damit ein Reifungs- und Entwicklungsprozess vollzieht. Das Werden von Persönlichkeit sieht Jung in der Konfliktfähigkeit, in der Freiheit, in Bestimmtheit und einer inneren Festigkeit. Als Frau sehe ich auch die Bewusstwerdung der in unseren Tiefen geborgenen Liebesfähigkeit als ein wesentliches Ziel dieses Prozesses an. Unbewusste Seelenanteile sehnen sich danach, erkannt zu werden. Und umgekehrt sehnen wir uns nach diesen Möglichkeiten, von denen wir getrennt sind. Beide, unbewusste und bewusste Anteile, bleiben sonst ohne Bezug zueinander, einsam und sehnsuchtsvoll aufeinander ausgerichtet. Letztlich ist wohl all unsere Sehnsucht, auch die nach Liebe, eine Sehnsucht nach den Anteilen, von denen wir getrennt sind und die auch unser Selbstvertrauen mitbestimmen. Unbestritten ist die Tatsache, dass alles, was unbewusst ist, in andere Menschen, in die Welt und in die Natur hinaus verlagert, also projiziert wird. Daher geht es um die Rücknahme unserer Möglichkeiten in unsere eigene Mitte und das Erkennen unserer Schattenseiten. Dieser Prozess ist wie ein Gespräch zwischen zwei Freunden zu sehen, die einander für ihre Entwicklung brauchen und aufeinander angewiesen sind. Mal ist das Unbewusste der entwerfende Führer, mal der ausgleichende, ergänzende Partner, der ohne das Bewusstsein nicht lebendig werden würde. Bewusstes und Unbewusstes erfahren und reifen aneinander. Wenn wir zum Samenkorn zurückkehren, so ist es das einfache und klare Bild vom Baum, der in Jahresringen wächst. Diesem gleich gestaltet sich unser menschliches Reifen spiralförmig, in Träumen auch dargestellt als eine Wendeltreppe, die entweder hinauf oder aber auch in die Tiefe führt.

Was ist das Unbewusste?

Das Aufsehen erregende Buch „Die Traumdeutung“ von Sigmund Freund um das Jahr 1900 brachte einen klaren Aufbruch in den Geisteswissenschaften. Damit war eine neue Denkmöglichkeit geboren. Wir mussten erkennen, dass die Entfaltung des Menschen längst nicht abgeschlossen ist, sondern ein großer Anteil unserer Psyche unbewusst ist, der bewusst, verwandelt oder geschöpft werden will. Freud sprach anteilsmäßig von einem Siebtel Bewusstsein und sechs Siebteln Unbewusstem, das unsere alltäglichen Befindlichkeiten und Reaktionen wesentlich mitbestimmt. Er konzentrierte sich als Pionier im Wesentlichen auf die persönliche Geschichte eines Menschen, die Verdrängungen, Unterdrückungen und Verletzungen in der Kindheit. Er versuchte sie in einer langen kathartischen Methode aufzulösen und widmete sich vorwiegend der Frage, warum ein Mensch so reagiert, wie er reagiert. Dabei stellte Freud vor allem den Destruktionstrieb und den Lusttrieb in den Mittelpunkt und erklärte das Schöpferische des Menschen hauptsächlich aus der Sublimation dieser beiden Triebe.

Das Verhältnis von Bewusstem und Unbewusstem vergleicht Jung mit einem Eisberg, dessen aus dem Meer ragende Spitze unserem Bewusstsein entspricht, während der bedeutendere Anteil unter dem Meer liegt, uns unbewusst ist. Das Unbewusste enthält alle Möglichkeiten unseres Menschseins und Menschwerdens. Beschreiten wir diesen Weg des Selbsterkennens, erfahren wir Sinn in unserem Leben und gehen unseren Weg auch für andere und für die Welt.

Im Unbewussten lagern sich die persönlichen Erfahrungen ab, die ob ihrer Unverträglichkeit mit Werten der Familie und Kultur verdrängt werden mussten. Jung setzt diesen Teil auch dem Schatten gleich, den ein Mensch zu durchschreiten hat. Auf diesem Weg in die Tiefe begegnen wir auch unserem weiblichen Anteil als Mann, der „Anima", als Frau unserer männlichen Seite, dem „Animus". Die weitere Erkenntnis führt uns zu den weltumspannenden Urbildern, deren Kern das Selbst ist. Es strebt nach Bewusstwerdung und Entfaltung in unsere Ganzheit gleich einem Samenkorn. In dieser Arbeit an uns selbst erreichen wir eine Mitte, in der bewusste und unbewusste Wirklichkeit einbezogen sind. Diese Mitte tritt in den Träumen als ein göttliches Kind auf, auch als Kreis oder Quadrat, und bildet so die Geburt eines neuen Wachsens.

C. G. Jung billigt dem Schöpferischen im Menschen eine ursprüngliche und aus sich selbst heraus wirkende Kraft zu. Er kam aus einem philosophischen, geisteswissenschaftlichen Hintergrund. Zunächst war er Schüler von Freud und konnte auf diesen Erkenntnissen aufbauen. Die Beziehung der beiden genialen Männer scheiterte an einer – für Jung überbetonten – Bewertung von Sexualität.

Jung war beseelt von der Sinnfrage eines menschlichen Lebens und einer möglichen Vereinigung der widerstrebenden Gegensätze von Schatten und Licht im Menschen. Er erforschte aus zahlreichen Träumen eine tiefere Seelenschicht, die hinter den persönlichen Erfahrungen eines Lebens liegt, und einen Prozess im Unbewussten, der die eigentliche Entwicklung und Wandlung im Menschen bewirkt. Er nannte ihn Individuationsprozess und diese tiefere Ebene das kollektive Unbewusste. Kollektiv deshalb, weil er die großen Themen des Lebens, Liebe und Schmerz, Angst und Vertrauen, in Urbildern und Geschehen bei allen Völkern wiederfand.

Diesen die Gegensätze verbindenden Weg setzt er dem Wachsen eines Baumes gleich, der aus einem Samenkorn zu dem ihm bestimmten Baum wird. Ein solches Samenkorn tragen wir auch als Mensch in uns gleich einer lebendigen Zelle, die darauf drängt, sich zu entfalten. Wir spüren dessen Kraft als Unruhe des Herzens, als Druck oder auch als Sehnsucht zu reisen. Eigentlich als Sehnsucht nach einer Reise nach innen, die damit beginnt, dass wir zu einem neuen, uns unbewussten Lebensraum aufbrechen, aus dessen Erfahrungen sich wie von selbst eine Tür in einen nächsten Raum öffnet. Wir sehnen uns nach diesem Lebendigsein, das uns Sinn und Selbstvertrauen schenkt.

Jungs Forschungsinteresse galt einem heilenden Prozess des Überwachsens der persönlichen Leidensgeschichte eines menschlichen Lebens. Unsere Beziehung zu diesem uns entwickelnden und wandelnden Prozess bewirkt, dass die Wunden unseres persönlichen Lebens sich mit den uns innewohnenden Wundern verbinden. Jung definierte den Traum weiter als Freud. Er sah ihn als symbolische Ausdrucksform der spontanen Selbstdarstellung des Unbewussten in einer aktuellen Situation. Während sich Freud vor allem mit der persönlichen Geschichte und ihrer Auflösung befasste und seine entscheidende Frage stellte, warum jemand so handelt, konzentrierte sich Jung auf die zentrale Frage „Wozu?“.

Jung fühlte sich in erster Linie als Arzt und es war ihm aus seinem geistigen Hintergrund nicht entgangen, dass die religiöse Einstellung bei der Therapie des seelisch leidenden Menschen eine entscheidende Rolle spielt; dies deckte sich mit seiner Erkenntnis, dass die Seele spontan Bilder religiösen Inhalts hervorbringt, dass sie mithin von Natur aus religiös sei. Ein Abweichen von ihrer Grundnatur wurde von Jung als Ursache zahlreicher Neurosen, besonders in der zweiten Lebenshälfte, erkannt.

Träume in Geschichte und Gegenwart – ein kurzer Abriss

In der indianischen Kultur war es üblich, dass ein junger Heranwachsender von einem alten Weisen zu einer dreitägigen Traum- und Visionssuche über sein Leben begleitet wurde. Zunächst hatte er drei Tage allein in einen Wald zu gehen, zu fasten und auf einen Traum oder eine Vision zu warten. Nach seiner Rückkehr erzählte er seinen Traum, seine Vision dem alten Weisen und später dem ganzen Stamm. So konnte er den Mythos seines Lebens erkennen und bekannt machen.

Das Ursprungsland der Traumdeutung dürfte Babylon sein. Die alten Mesopotamier waren davon überzeugt, dass die sie umgebende Welt ihren Daseinsgrund nicht in sich selbst hatte. Sie hing vielmehr gänzlich von überirdischen Mächten ab, die sie geschaffen hatten und die über sie herrschten – und dies zuallererst zu ihrem eigenen Vorteil. Sie stellten sich diese Götter nach dem Bild der Menschen vor, die ihnen jedoch vollkommen überlegen waren aufgrund ihres ewigen Lebens und ihrer Intelligenz. Zweifellos ist hier durch die schriftliche Fixierung bedeutender Träume eine entsprechende Tradition entstanden. Die „Wahrsager" wurden als „Chaldäer" bezeichnet, was so viel wie „Traumkundige" bedeutet. Die Assyrer scheinen den Babyloniern in der Traumkundigkeit nicht nachgestanden zu haben. Jedenfalls wurde in Babylon das Leben weitgehend nach den Träumen ausgerichtet. Wenn jemand eine wichtige Sache plante, ließ er zuvor seine Träume „deuten" und traf erst nach Anhörung der Traumdeuter eine Entscheidung.

Das „Hieratische Traumbuch" der Ägypter teilt die Träume ein in die von Horus, dem „guten Gott", und die, die von Seth, dem „bösen Gott", begleitet sind. Überhaupt kommt dem Traum bei den Ägyptern nicht nur eine allgemeine religiöse, sondern auch eine kultische Bedeutung zu. Mancher Kult und manches Heiligtum verdanken ihre Entstehung einem Traumgesicht. Kultische Träume gelangen später auch in Griechenland zu großer Bedeutung. Es wird hier von „Inkubationsträumen" gesprochen. Der Hilfesuchende legt sich im Tempel zum Schlafe nieder und wartet auf die nächtliche Weisung Gottes. Mancher mag dabei Hilfe gefunden haben. Die Entstehung der Träume stellten sich die Ägypter entsprechend ihres religiösmetaphysischen Weltbildes vor. Der Sonnengott fuhr tagsüber mit einer Sonnenbarke über den Himmelsbogen und durchquerte nachts das Wasser der Unterwelt und tauchte frisch gestärkt morgens wieder auf, um die Menschen mit neuem Leben zu beglücken. Wie dieser Sonnengott, so kann auch der Mensch nachts im Schlaf in die erquickenden Fluten des Sonnengottes eintauchen und erwacht mit neuer Lebenskraft. So gesehen hat der Mensch im Traum mit dem Reich des Jenseits innigen Kontakt.

Bei den Griechen äußerte sich vor allem Plato (428/427 v. Chr. bis 348/347 v. Chr.) zu Träumen mit dem berühmten Satz, dass im Schlaf die seherische Kraft der Seele hervorträte, wenn der Mensch die Fähigkeit habe, die Ideen als ewig Seiendes zu schauen (griech.: horao-ideein = schauen). Es sei nicht zuletzt der Traum, der die Schau der Ideen vertiefe, tauchten doch im Traum längst vergessene Bilder auf, die von göttlichen Dingen handelten. Die seherische Kraft der Träume, die Plato dem Traum zumaß, hängt vermutlich auch damit zusammen, dass sein Lehrer Sokrates seinen eigenen Tod im Traum vorausgesehen hatte. Von besonderer Wichtigkeit ist der Gedanke Platos, dass sich im Traum „ungebärdige Begierden" regen, von denen der Wachende kaum eine Vorstellung hat: „Die Bösen tun das in Wirklichkeit, was die Guten nur träumen", heißt es bei Plato. Aristoteles hat hingegen den psychologischen Charakter der Träume erkannt und das Träumen als das Seelenleben während des Schlafens definiert. Er billigte dem Traum die Fähigkeit zu, etwas Zukünftiges zu sagen; so könnten Krankheiten sich zuerst im Traum melden, lange bevor der Träumende spürbar erkrankt.

Ein Schüler von Jung, Arnold Mindell, hat den Zugang zum Unbewussten um die Sprache des Körpers erweitert, worauf ich in meinem Buch „Vertrauenswege“ im Kapitel Krankheit noch näher eingehe.

Die Bedeutung der Träume im Alten und Neuen Testament soll anhand von einigen Beispielen veranschaulicht werden.

Der Traum Jakobs von der Himmelsleiter (Genesis 28, 11–15): *„Er sah eine Treppe, die auf der Erde stand und bis zum Himmel reichte. Auf ihr stiegen Engel Gottes auf und nieder. Und siehe, der Herr stand oben und sprach: Ich bin der Herr, der Gott deines Vaters Abraham und der Gott Isaaks. Das Land, auf dem du liegst, will ich dir und deinen Nachkommen geben. Deine Nachkommen werden zahlreich sein wie der Staub auf der Erde!“*

Der Traum von Salomo (Könige 3, 5–15): Der junge König darf von Gott etwas erbitten. Er verlangt aber keinen Reichtum, kein langes Leben noch Ehre, sondern Gehorsam des Herzens und das Wissen um Gut und Böse. Ihm wird verheißen, dass ihm all diese Dinge noch hinzugegeben würden, hat er doch das Entscheidende erbeten. Nach dem Erwachen ist Salomo so ergriffen, dass er alsbald dem Herrn opfert.

Im Neuen Testament wird im Traum Josef durch den Engel des Herren die Geburt Jesu angekündigt und ihm geboten, Maria zu sich zu nehmen, obwohl sie schwanger ist (Mt. 1, 20 ff.). Ebenfalls im Traum wird Josef die Flucht nach Ägypten nahegelegt (Mt. 2, 13), in gleicher Weise die Rückkehr aus Ägypten (Mt. 2,19) und die Wohnungsnahme in Galiläa (Mt. 2, 22). Berühmt wurde auch noch der ominöse Schreckenstraum der Frau des Pilatus während der Verklagung Christi: *„Habe du nichts zu schaffen mit diesem Gerechten, denn ich habe heute seinetwegen im Traum viel gelitten.“* (Mt. 27, 19)

Nach der Tradition der Volkstraumbücher, auf die ich hier nicht näher eingehen werde, erfuhr der Traum mit Anbruch der Renaissance eine neue Blütezeit. In ihr haben sich fast alle berühmten Männer, Theologen und Ärzte, mit dem Traum beschäftigt. In der Aufklärung verlor der Traum wieder an Bedeutung, die Traumbücher wurden einer scharfen Kritik unterzogen. Erst bei den Romantikern, auf die sich auch Jung später beziehen sollte, gewann der Traum wieder neu an Bedeutung.

In der Moderne war es schließlich dann Sigmund Freud, der die Bedeutung des Unbewussten neu erkannt und den „Traum als Königsweg zum Unbewussten“ benannt hat. Trotz dieser Kenntnisse herrscht noch immer die Auffassung vor, Träume seien zufällige Aktivitäten in unserem Gehirn. Obgleich die Bedeutung der Träume in den Medien immer mehr Eingang findet, ist das Bewusstsein für die Träume im Alltag noch weit entfernt von den Möglichkeiten, Träume zu klären oder zu unterstützen. Weder bei Fragen wie der Berufsfindung noch im Alltag werden Träume einbezogen. Andere psychologische Termini hingegen werden selbstverständlich gebraucht, wie zum Beispiel Depression, Burnout, Mobbing oder Midlifecrisis.

Was vermögen Träume wirklich? Wir sind davon ausgegangen, dass sie unser Bewusstsein sinnvoll ergänzen und uns Möglichkeiten und Talente aufzeigen, die dem Bewusstsein nicht zugänglich sind, oder Lösungen eröffnen, an die wir nicht denken. Sie ermutigen und helfen uns, Entscheidungen zu treffen, sie bestärken uns, wo wir zaghaft sind und zaudern, sie trösten und erhellen unser Gemüt in schwierigen und tristen Lebensphasen. Warum wir uns nicht mehr dieser Welt der Träume zuwenden, mag auch damit zu tun haben, dass sie schonungslos unsere Schatten aufzeigt und Kritik übt, dort, wo wir uns versteigen oder dazu neigen andere und uns selbst zu verletzen. Allzu gern projizieren wir unsere unliebsamen Seiten die in den Träumen aufscheinen, auf andere und geben oftmals leichtfertig anderen die Schuld, wo wir eigentlich über uns selbst nachzudenken haben.

Was Träume über Träume sagen

„Wie der Körper der Nahrung bedarf, und zwar nicht irgendwelcher, sondern nur der ihm zusagenden, so benötigt die Psyche den Sinn ihres Seins, und zwar ebenso nicht irgendwelchen Sinn, sondern jene Bilder und Ideen, die ihr natürlicherweise entsprechen, nämlich jener, die vom Unbewussten angeregt werden ..." Diese Erkenntnis hinterließ uns der Tiefenpsychologe und Arzt Carl Gustav Jung aus seinen lebenslangen Forschungen über den Sinn der Träume, die er in seinem Artikel über das Werden der Persönlichkeit als objektivste Stufe in unserer Psyche erkannte.

Wir träumen jede Nacht mehrmals. Um mit unseren Träumen sinnvoll leben zu können, sind wir zunächst gefragt, sie auch zu erinnern. Dies bedeutet – wenn Sie nicht ein begabter Träumer und der Traumwelt nahe sind – ein langsames Annähern an Ihr Unbewusstes, das vielleicht lange im Schatten Ihrer Aufmerksamkeit lag. Wie in jedem Werk, nun sind wir selbst das Werk, sind auch hier unsere Hingabe und unsere Ausdauer gefragt.

Wozu wenden wir uns den Träumen zu

Seit Urzeiten hat der Traum im Seelenleben der Menschen eine Bedeutung, sei es in der Auseinandersetzung zwischen den lebenserhaltenden und den destruktiven Kräften – Eros und Thanatos –, sei es an wichtigen Übergängen wie zwischen Kindheit und Jugend, zwischen Jugend und Erwachsensein; Schuleintritt und Pubertät, bei der Wahl des Lebenspartners, dem Mutter- bzw. Vaterwerden. Die Stufen des Alters sind Lebensphasen, in denen der Mensch, vorausgesetzt, er achtet darauf, intensiv träumt.

Träume sind spontane Phantasien aus dem Unbewussten, die erinnert werden können. Sie ergänzen und kompensieren das Bewusstsein sinnvoll, bezogen auf die Ganzheit eines menschlichen Entwicklungsprozesses. Die Arbeit am Traumsymbol kann alle sinnlichen Bereiche betreffen; nochmaliges Hören der Traumaussage, aktive Imagination, Körperarbeit, Schreiben, Malen, Gestalten sind Erfahrungen, durch die das Traumsymbol zu einem einzigartigen Medium zwischen Bewusstsein und den Inhalten aus der unbewussten Psyche wird. So betrachtet begleiten uns Träume richtungsweisend und sinnbezogen, und sie ergänzen unsere Fragen zukunftsgerichtet.

Traumarbeit

In der Traumarbeit folgen wir dem Ablauf des Traumes gleich einer realen Bilddarstellung und umkreisen den Inhalt mit persönlichen, kulturellen, geistesgeschichtlichen und spirituellen Assoziationen und anderen Träumen, bis der Trauminhalt für den Träumer in seinem Bezug auf seine konkrete Situation sinnvoll und stimmig wird. Ein Traum ist allerdings nie ausverstanden, an manchen Träumen arbeiten wir Jahrzehnte – an wenigen ein Leben lang. Dieses Sinnbild ewigen Werdens bestimmt uns träumend und will unser Leben mit Sinn erfüllen. Es ist nie zu spät, sich diesem großen Traum, Mensch zu werden, zuzuwenden!

Ein bedeutender Visionär, der sich dem Menschwerden als Dichter zugewendet hat, ist Rainer Maria Rilke. In seinem Gedicht „Ich lebe mein Leben in wachsenden Ringen“ spricht er über das Berechenbare und das Geheimnisvolle. Als das Berechenbare versteht er, dass wir begabt sind, uns in den Dingen unseres Lebens wachsend zu verwandeln. Und trotzdem bleibt für ihn, wie im letzten Vers seines Gedichtes „Ich kreise um Gott, um den uralten Turm, und ich kreise jahrhundertelang“, immer noch die Frage offen, „bin ich ein Falke, ein Sturm oder ein großer Gesang“.

Kleine Traumwerkstatt

Auf dieser Reise nach innen auf einen anderen Kontinent in uns ist es wunderbar, unsere Träume mit einzubeziehen. Uns an sie zu erinnern, beginnt am Abend vorher: Wir stellen uns auf einen Traum ein, dürfen ihn wünschen, oder wirksamer ist, um ihn zu bitten. Wenn wir erwachen, ist es sehr wesentlich, um den Traum zu erinnern, ein paar Sekunden körperlich ganz in Ruhe zu verharren, um mit dem filigranen Nachtgeschehen verbunden zu bleiben. Das Traumgeschehen ist eine Welt, die wir zulassen, sie unterliegt nur bedingt unserem Willen und sie ist flüchtig wie ein scheues Reh. Wir können ein Traumbild allenfalls zurückatmen oder meditieren. Dieser wunderbare Dialog zwischen Bewusstem und Unbewusstem will sorgsam geübt sein. Daher ist es hilfreich, ein kleines Büchlein auf dem Nachttisch liegen zu haben, in das wir sofort ein Wort, eine Landschaft, einen Gedanken oder eine Person notieren, die im Traum vorgekommen ist, um zurückerinnern zu können. Diese Achtsamkeit und Geduld werden uns bald die Träume immer mehr erinnern lassen und näherbringen. Dieser Weg zu uns selbst ist ein Übungsweg und nun ist unsere Seele das Instrument, auf dem wir beginnen zu spielen. Wir dürfen uns dieser Welt annähern und auch kleine Träume oder kurze Traumszenen achtsam aufschreiben, bis im Laufe der Zeit der innere Strom zu fließen beginnt und Sie sich immer klarer erinnern werden.

Beginnen Sie ein Traumtagebuch und erzählen Sie Ihre Träume Menschen, die dafür offen sind. Jung legte einer Analysandin die berührenden Gedanken zu den Träumen nahe und formulierte es motivierend: „Ich rate Ihnen, es alles so schön wie möglich niederzuschreiben – in ein schön gebundenes Buch ... es wird für Sie Ihre Kirche sein, Ihre Kathedrale – die stillen Orte Ihres Geistes, an denen Sie Erneuerung finden." Und bewerten Sie Ihre Träume nicht, versuchen Sie diese wie ein Schauspiel auf einer inneren Bühne zu betrachten, aus dem wir etwas über uns erfahren dürfen.

Beachten Sie! Sie sind nicht nur dieser Traum, sondern üben Sie den Gedanken: Ich träume diese Figur oder Szene als eine sinnbezogene Botschaft eines ganzheitliches Seins und Werdens zu dem Menschen, als der ich vom Schöpfer gedacht bin. Stellen Sie sich in dieser Schau eine Waage vor. Wir sind befähigt abzuwägen zwischen einer mit Lichtem – wie Vertrauen – und einer anderen mit Dunklem wie auch Angst gefüllten Waagschale. Und wir sind mit unserem Bewusstsein begabt, diese beiden Seiten auszutarieren, damit sie sich in einem Gleichgewicht und in einer Mitte einpendeln.

Selbstvertrauen – eine Ur-Sehnsucht

Selbstvertrauen ist eine Ur-Sehnsucht des Menschen, in die wir uns auf einem lebenslangen Übungsweg immer mehr einbetten dürfen. Selbstvertrauen wächst uns aus einem aktiven Tun und Geschehenlassen zu, denn ein wesentlicher Anteil vertrauender Energie liegt vorborgen im Unbewussten und muss erst geschöpft werden, damit wir Vertrauen erfahren. „Niemand hat genug Vertrauen“ war eine der wesentlichen Lehren meines Analytikers und er erklärte gleichzeitig: „Greife niemand kritisch in seinem Selbstvertrauen an, sondern hinterfrage die Dinge zur rechten Zeit, sachlich bezogen, und formuliere es so, dass der andere daraus wachsen kann!“ Frauen lernen erfahrungsgemäß eher durch anregende Unterstützung als durch Kritik.

Demut zum Weg

Der Traum ist für beide Seelenforscher, Freud und Jung, wie gesagt ein Königsweg zu uns selbst. Jung erforschte aufbauend auf Freud einen sinnbezogenen Zugang zum Traum, in dem er eine tiefere Schicht des Unbewussten entdeckte, in diese ein befreiender Weg in unsere Ganzheit eingeprägt ist, vor dem unsere Demut gefragt ist. Wir haben ihn kreisend um die Dinge zu gehen, wann sich die Gnade der Wandlung ereignet, liegt nicht in unserer Hand.

Das Unberechenbare und Geheimnisvolle

Dieses Unberechenbare und Geheimnisvolle auch in der Natur bezaubert und verzaubert uns immer wieder von Neuem in seiner Verwandlung. Wie im Garten die wilde Natur zur Kultur verändert wird, ist auch von uns als Mensch gefragt, in unserem inneren menschlichen Garten unsere wilde Natur zur Kultur werden zu lassen. Ungeordnete Gefühle können wir in eine angemessene Form zähmen – wie auch Wut in einen heiligen Zorn. Wir können zu unserer Verwandlung nur das Mögliche tun. Unberechenbar und geheimnisvoll bleibt die Verwandlung selbst und ihr Zeitpunkt. Jung nennt es die transzendente Funktion, Dichter nennen es Gnade. So wird in uns eine Wildpflanze zur Kulturpflanze. Wenn das Gesetz gilt, dass alle Kulturpflanzen von Wildpflanzen abstammen, so haben wir auch das Wilde unserer menschlichen Natur grundsätzlich anzunehmen, zu GärtnerInnen zu werden und es zu kultivieren.

Das Unbewusste als Matrix des Lebens

Jung erkennt ja, wie schon ausgeführt, das Unbewusste als die Matrix des Lebens und das Urbild des Selbst als anordnendes Zentrum einer Entfaltung zwischen Bewusstem und Unbewusstem; und darin – wie auch Freud – den Traum als den Königsweg zu dieser individuellen Entwicklung. Da Jung dem Unbewussten Autonomie zubilligt, erkennt er aus seinen Beobachtungen im Traum eine sinnbezogene Bedeutung, die das Bewusste ergänzt. Er verglich den Traum mit einem Schauspiel auf der – inneren – Bühne, einem Drama oder einer Komödie, die als Katharsis dienen. Werden wir am Träumen gehindert, wie Experimente an der Universität Zürich gezeigt haben, kann unsere Seele nicht gesund überleben. Aber zu einer verwandelnden Wirkung bedarf es unseres Bewusstwerdens und Erkennens dessen.

Der Traum zeigt uns vor allem auf, wo der Träumende in einem persönlichen Entwicklungsweg steht, welche Einstellung diesen behindert und wohin sich seine Seele unter den gegebenen Bedingungen entfalten will und kann, wo seine Wunde liegt und welche Heilung möglich ist.

Der neue Weg

Dieser schöpferische Blickwinkel kennzeichnet wesentlich den heilenden Weg der analytischen Psychologie, die vom Hier und Jetzt ausgeht und das Annehmen des eigenen Schicksals als Ausgangspunkt zu einem neuen Weg mit dem Reichtum des Unbewussten verstanden werden will. Der neue Weg konzentriert sich auf den heilenden Prozess, der uns immanent ist und bewusst werden will, um wirksam zu werden. Er bildet sich archetypisch in der Natur, in der Kunst, den Märchen, Mythen und Religionen ab. Er gestaltet sich in diesen Vorbildern in einem Schöpfen der Lichtseite der Humanität – einer inneren Schönheit, zu der wir auf einem Weg der Wandlung berufen sind.

Entscheidend ist, dass der Prozess selbst sich aus einem quälenden in einen fließenden wandeln will und soll. Das bedeutet, einzuüben, auf jegliche Schuld und Vorwurfshaltung gegen uns selbst und andere zu verzichten und uns auf Wandlung und Entfalten zu zentrieren:

Dieser neue, achtsame Weg ist ein hinterfragender, erkennender, lernender Prozess, der eine Einstellung verändern will. Der Weg, auf dem wir uns mit unseren Wundern und Wunden verbinden, ist mitfühlend und vergebend. Er will, dass wir die Liebe und die Versöhnung um ihrer selbst willen versuchen zu leben, und verlangt von uns, wie Erich Fromm in der „Kunst des Liebens“ lehrt, alles, was ein Kunstwerk verlangt: Hingabe, zielgerichtetes Üben, Geduld und Ausdauer. Jetzt ist die Seele unser Instrument, auf dem wir lernen zu spielen. Vielleicht sind wir darin unserer Bestimmung als Mensch am nächsten.

Die persönliche Frage unseres Lebens ist vertrauensvoll eingebettet in die bekannte Frage nach dem Sinn, die uns alle zutiefst bewegt: Wozu will und kann sich der erwachsene Mensch unter seinen Antrittsbedingungen entfalten? Jung schreibt dazu den visionären Gedanken, ich habe das Gefühl, mein Leben hier und jetzt ist nur ein Ausschnitt eines Lebens, das lange vorher begonnen hat und bis in die Zukunft reicht.

Der Traum und seine sinnbezogene Bedeutung

Der Traum ist unsere Natur und so zu entschlüsseln, wie er sich in seiner symbolischen Sprache auszudrücken vermag. Er ist eine spontane Phantasie im Schlafzustand, die im Wachen gerade noch erinnert werden kann. Ergänzend oder einen Spiegel vorhaltend schlägt er eine ganz neue Perspektive vor, an die das Bewusstsein nicht gedacht hat, beispielsweise statt zu kämpfen, einen spielerischeren Umgang zu finden, statt zu flüchten sich zu stellen, statt zu hassen besser zu lieben. Der Traum nimmt immer eine final gerichtete Haltung ein, er will die Entfaltung der Persönlichkeit, und auch das Unbewusste selbst unterstützt immer das Leben.

Jung konnte auf Freuds Erkenntnissen aufbauen und erweiterte seine Auffassung zum Traum wesentlich. Es sei daran erinnert, dass er diese tiefere Seelenschicht des Unbewussten erforschte und erfuhr, dass das Unbewusste über ein eigenständiges Denken verfügt, das das Bewusstsein sinnbezogen ergänzt. Das Unbewusste drückt sich allerdings in symbolischer Sprache aus, die wir zu entschlüsseln haben. In Jungs Verständnis ist das Unbewusste der schöpferische Mutterboden schlechthin, die psychische Energie ist wertfrei, sie formt sich in archetypischen Bahnen und Bildern individuell aus und fließt in unser Leben oder will es verändern.

Arten der Träume

Es gibt alltagsverarbeitende Träume, die unser Seelenleben gesund halten, aber für uns zumeist nicht von so großer Bedeutung sind. Dann gibt es „große“ Träume, in denen eine Wirklichkeit aus einer Tiefe des Unbewussten durchbricht und die uns oft ein Leben lang als eine Aufgabe begleiten. Weiters gibt es „prophetische“ Träume, die zukünftige Ereignisse vorausnehmen und die uns häufig Angst machen, doch nur, weil uns diese Dimension in der Moderne nicht vertraut ist. Hier sei anzumerken, dass der Tod in den Träumen allermeist als ein inneres Wandlungsgeschehen zu verstehen ist, in dem alte Einstellungen sterben müssen und Neues geboren werden kann, und nicht als der konkrete Tod einer Traumfigur. Dann gibt es Träume, die uns warnen. Von besonderer Bedeutung sind unsere Alpträume, in denen wir verfolgt werden. Oftmals können wir davon ausgehen, dass der Verfolger von uns erkannt und sein Wesen verwandelt werden will. Manchmal können wir uns aber großen Schattenfiguren im Traum nur in einer Distanz gleich einem Fechter oder mit Humor nähern. Für einen näheren Umgang mit den Schattenseiten im Traum möchte ich auf das Buch „Aschenputtel – eine moderne Pilgerin“

verweisen. Unsere Angst in den Träumen will sich in Vertrauen verwandeln oder immer tiefer in dieses auf einem geduldigen Weg einbetten. Kindheitsträume zeigen zumeist unsere Lebensaufgabe auf. Und Wiederholungsträume machen uns mit besonderer Kraft auf etwas aufmerksam, was bewusst beziehungsweise gelöst werden will. Das Symbol des Weges und wie wir ihn gehen können erscheint im Traum in der Art des Fortbewegens – sei es zu Fuß, mit dem Fahrrad, die oft unser Leben verlangsamen will, oder mit der Eisenbahn, die uns auf Schienen trägt, währende das Auto ein eigenes Lenken verlangt. Im Flugzeug erscheint nicht selten eine Lebenskraft die uns ein wenig über den Alltag hinausheben will oder fliegen kann auch bedeuten, dass wir vor etwas flüchten wollen.

Wie lassen sich Symbole verstehen?

Symbole deuten annähernd und bestmöglich einen Sinn an, der zunächst unbekannt ist. Verena Kast erklärt in „Die Dynamik der Symbole" die Bedeutung des Wortes: „Symbol stammt vom griechischen Wort ‚symbolon', ein Erkennungszeichen. Wenn sich im alten Griechenland zwei Freunde trennten, zerbrachen sie eine Münze, ein Tontäfelchen oder einen Ring. Wenn nun der Freund oder jemand aus seiner Familie zurückkehrte, dann hatte er seine Hälfte vorzuweisen. Wir können als diese zwei Freunde das Bewusste und Unbewusste sehen, in denen das Symbol ein sichtbares Zeichen der unsichtbaren ideellen Wirklichkeit darstellt“.

Symbole formen also die wertfreie psychische Energie, die noch ein zu entschlüsselndes Geheimnis in sich birgt. Ein Symbol vermag Gegenwart, Vergangenheit und Zukunft in einem Sinnbild zusammenzufassen. Der wesentliche Aspekt des Symbols ist, dass es auch ein Geheimnis bleibt.

Wie gehe ich mit meinem Traum in der Traumwerkstatt um?

Das Wesentliche zu Beginn ist, dass ich mich frage, welche inneren Gedanken, Konflikte ungelöste Dinge oder Verletzungen bewegen mich im Augenblick des Traumes? Wenn ich alles, was möglich ist, bewusst beantwortet habe, kann ich die Frage nach einer ergänzenden Antwort an den Traum übergeben. Aus dem Zusammenwirken von Bewusstem und Unbewusstem kann sich eine ganzheitliche und sinnhafte Lösung ergeben.

Wir können Träume auf äußere Situationen unserer Beziehungen oder auf die Welt bezogen verstehen. Jungs Interesse war vorwiegend auf eine innere Wandlung des Menschen gerichtet, die er für die Wandlung eines äußeren Geschehens als wesentlich betrachtete. Allerdings stellt sich hier wieder die Sinnfrage für ihn; wenn ein Trauminhalt auf eine Situation im Außen keinen Sinn ergibt, so ist er jedenfalls nach innen zu verstehen. Wobei wir zumeist beide Ebenen in unserer Arbeit in Betracht ziehen.

Wenn wir zurückgreifen auf das Bild eines Schauspieles auf der inneren Bühne, so müssen wir das Lichte und Schattenhafte annehmen, dass auch die Traumfiguren innere Einstellungen, Verhaltensweisen symbolisieren. Beispielsweise wollen sich die jungen, gesunden, kräftigen Figuren in uns verwirklichen, die oftmals von den dunklen darin gehindert werden. Hilfreich ist die Erkenntnis: Diese heile Figur ist in mir. Ihrer bewusst zu werden ist oftmals ein Glückserlebnis für den Träumenden.

Der Traum – eine vergessene Sprache der Liebe

Im Traum sind wir der Liebe näher, wir sehnen uns nach ihr und suchen sie zumeist mehr im Außen als im Innen. Klaus Guggisberg, Pfarrer der Kirche am Fraumünster in Zürich, erinnerte uns in einer Sonntagspredigt daran, dass schon Augustinus sagte: „Im Traum ist uns Gott näher als wir uns selbst“.

Zur Psychologie des Kind-Archetypen im Traum

Die Entdeckung des Urbildes des ewig Werdenden im Menschen, das in den Träumen als ein göttliches Kind erscheint, gehört zu den zentralsten Erkenntnissen der analytischen Psychologie C. G. Jungs. Der Seelenforscher setzte dieses besondere Kind ja dem Samenkorn eines Baumes gleich. Hier treffen sich die beiden Visionäre Rilke und Jung in überzeugender Art und Weise und inspirieren uns in diesem befreiten Wachsen zu einem Weg der Wandlung ohne Schuld und Verurteilen. Dieser Prozess zwischen unserem irdischen und göttlichen Ursprung befreit uns in ein Bestimmtwerden von innen, das uns im Zusammenwirken beider Wirklichkeiten eine Festigkeit schenkt.

Dieses Kind im Traum ist Träger außergewöhnlicher Eigenschaften, indem es gerade geboren und schon weise ist – immer verzeihend, auch wenn wir es vergessen und ihm keine Nahrung geben. Es trägt eine allem überlegene Kraft in sich, die menschliches Maß überschreitet und unüberwindliche Wirkung beweist. Seine Geburt im Traum kündigt etwas zur Selbstständigkeit Erwachsendes an. Jung beobachtet seine Besonderheit, dass es sich letztlich immer – wenn auch in uns zunächst verborgener Sprache – durchsetzt, denn es trägt eine überlegene Kraft in sich. Es kann, wenn es im Traum auftritt, einen im Unbewussten hervorgerufenen Reifungsprozess symbolisieren.

Betrachtungen zu einem Traum über unser Leben

Gibt es einen großen Traum über unser Leben, in welchen all unsere Entfaltungsmöglichkeiten hinein erzählt sind? Der gleich einer Spirale seine Kreise durch die dunklen Schatten des Unerklärlichen unseres Lebens zieht, der im innersten Raum unserer Seele verborgen ist? Dann wäre die Welt und unser Schicksal jene Erde, welcher dieser Traum zum Wachsen anvertraut ist. Wie die Pflanze wären wir stets mit unseren Wurzeln, unserem Inneren, unseren Träumen, unserem Fühlen und Ahnen verbunden.

Wurzeln wären auch die vielen kleinen Träume des Alltages, unsere Freuden, unser Traurigsein, unsere Ängste und Zweifel, unser Lieben und Hassen, unser Ehrgeiz und unsere Eifersucht. In ihnen allen wäre der große Traum unseres Lebens verborgen, in welchen wir zu erwachen hätten in die große Fülle des Menschseins. In ein Begreifen, dass alles wie die Ernte der Natur Liebe verströmt, wenn wir aufgebrochen sind aus den Fesseln irdischer Enge in die stille Weite der Seele. Dann liegt das eigentliche Wesen des Menschen – als das Strömen einer sich entfaltenden Seele – vorgeformt in uns wie der Samen einer Pflanze.

Meine Träume – Verwandlung im Erkennen

Der Traum, der die erste Stufe meines Weges einleitete und meine Sehnsucht und Suche wesentlich in diesen Weg der Erkenntnis und Wandlung geöffnet hat, ereignete sich in der Propstei St. Gerold. St. Gerold ist im Laufe der Jahre zu meiner spirituellen Heimat geworden und hat mich auch mit dem wunderbaren Klostergarten immer wieder neu inspiriert und gestärkt.

Ich träume: Ich bin im Garten der Propstei St. Gerold und beobachte, wie sich hinter entfernten Hügeln ein wildes Tier erhebt. Erschrocken wird mir im Traum schnell bewusst, dass dieses Tier mein Leben bedroht. Rasch kommt es mir immer näher und ich versuche, davonzurennen und zu flüchten. Aber ich bemerke sofort, dass es immer schneller sein wird als ich. Ein Traum im Traum rettet mich wie so manches Mal und eine Stimme rät mir: Bleib stehen und schaue ihm in die Augen. Ich gehorche und wage es, das Tier direkt anzusehen. Zu meiner großen Überraschung blicke ich in warme Augen eines Wolfes und erkenne darin seine Sehnsucht nach Erlösung. Ich bin zutiefst berührt und in dem Augenblick, in dem ich seine Wärme und Sehnsucht erkenne, fällt sein Tierfell von ihm ab und vor mir steht eine helle menschliche Gestalt.

Noch immer berührt mich, dass in diesem Traum allein das *Erkennen* der Sehnsucht nach Erlösung des Tieres schon die Wandlung zum Menschen hervorruft.

Scheint es mir doch aus meinen Erfahrungen und den Forschungen Jungs erst der bewusste Weg zu sein, der eine Wandlung bewirkt. Jung beschrieb dieses Erlebnis seines Lebens in seinen späten Gedanken wie folgt: „Mein Leben ist die Selbstverwirklichung des Unbewussten. Alles, was unbewusst ist, will bewusst werden und die Persönlichkeit will sich aus ihren unbewussten Bedingungen befreien und als Ganzheit erleben." Jung stellte das Bewusstwerden in den Mittelpunkt menschlicher Entwicklung und Wandlung. Allerdings erfuhr ich auf der Reise nach innen, dass wir als Mensch vor allem gefragt sind, *wie* wir den Weg der Erkenntnis gehen und unsere Talente verwirklichen. Denn der uns immanente geistige Trieb, den Jung in uns als einen Trieb per se erforschte, will sich aus einem ungeduldigen Getrieben-Sein in einen achtsamen Weg verwandeln. Mit dem Verwirklichen dieses Traumes war ich jahrelang in meiner Analyse unterwegs und bin es immer noch. Unsere Humanität, die uns zutiefst im Unbewussten eingeprägt ist, erlöst uns aus all den gegensätzlichen wilden Trieben, die der Tiernatur eigen sind – es bedeutet ein fortdauerndes Verbinden mit dem Liebenden in uns.

Der zweite Traum, der meinen Wunsch zu einem weiteren Studium der analytischen Psychologie mit all meinen Zweifeln entscheidend bestärkte, enthielt eine persönliche Begegnung mit C. G. Jung an seinem 100. Geburtstag – er war damals aber schon nicht mehr in dieser Welt. Ich träumte: Ich begegnete ihm in der Vorhalle zum Festsaal. In einem hellen Licht sah mich Jung mit einem ganz klaren, bestimmten Blick an, umfasste mich mit einem festen Händedruck an den Schultern und es war für uns beide ganz klar: Diesen Weg hatte ich zu gehen. Der Traum begleitete mich durch alle Schwierigkeiten zwischen Arbeit, Familie und Studium und ich bin heute sehr dankbar, diesen vertieften Zugang zum Unbewussten gewagt zu haben.

Ein weiterer Traum: Ich träume, dass ich voller Freude einen terrassenförmig angelegten Hang hinabspringe. Plötzlich stehe ich vor einem weißen Tor, das ich nur zögernd zu öffnen wage. Zu meinem Erstaunen blicke ich in einen Blumengarten von einer Schönheit und einem Leuchten, das mir nicht von dieser Welt zu sein scheint. Sein Anblick löst in mir jene Freude, jenen Frieden und jenes Glück aus, nach dem wir uns wohl alle sehnen. Mit einem demütigen Blick verweile ich einen Augenblick und schaue. Es ist mir sogleich ganz klar, dass ich ihn jetzt noch nicht betreten darf. Trotzdem erwache ich sehr glücklich aus diesem Traum.

Am Morgen ist mir bewusst, dass mir der Traum einen Blick in jenes Paradies schenkte, das zwar da ist, aber das wir als Mensch wieder neu zu erringen haben.

Eine der wesentlichen Erkenntnisse aus dem Weg ist für mich, dass die wilden Triebe in unserem Unbewussten selbst sich nach Verwandlung sehnen. Unsere Angst will sich in Vertrauen einbetten. Der Aufbruch zu diesem Entfalten ist oft in eine Sturmnacht des Lebens hinein verborgen. Dann erscheint nicht selten das göttliche Kind in den Träumen der Menschen und will uns auf ein heilendes Wachsen in all den Stürmen unseres Lebens aufmerksam machen, dessen Sinnbild das göttliche Kind ist. Denn in jedem Erwachsenen steckt ein ewiges Kind, ein immer noch Werdendes, nie Fertiges, das unserer steten Achtsamkeit bedarf und das uns in die Schönheit einer Lotusblüte reifen lässt.

Die Lotusblüte – eine neue Geburt

Aus der Sturmnacht, die uns oft wie ein kleiner Tod erscheint, den wir schmerzvoll zu durchleben haben, kann sich ein neues Geborenwerden ereignen. Im Traum erfuhr ich es als einen Durchgang, den ich auch physisch zu erleiden hatte, bis sich aus der Tiefe eine aus ihrer Mitte tanzende Lotusblüte erlöste. Viele Wochen meditierte ich diesen Traum und was diese Lotusblüte – Symbol einer neuen Geburt – ganz persönlich für mich zu bedeuten hatte.

Eines Tages löste ein Traum das Rätsel: Die Lotusblüte ist diejenige Blume, die ein neues Sein aus einer tiefen Freude in dir bewirken will, die das Helle und Dunkle des Lebens einschließt. Bis dahin war mein Leben mehrheitlich von Pflichten bestimmt und bis heute bin ich unterwegs mit meiner Lotusblüte und der Lebensfreude, die Schönes und Schweres zu integrieren vermag. Auch der Weg selbst will ja vor allem in einem freudigen Bewusstsein gegangen werden. Rituell gleicht diese besondere Freude dem Osterlachen, das sich aus einer dunklen Nacht erlöst hat.

Ich gehe von Raum zu Raum

Ich träume: Ich gehe von Raum zu Raum. Jeder Raum ist aus sich selbst heraus lebendig. Im achtsamen Durchschreiten des jeweiligen Raumes eröffnet sich wie von selbst eine Tür in den nächsten Raum. Am Ende einer langen Reihe von Räumen begegne ich einer dunkelhaarigen Frau, die ein neugeborenes Kind in den Armen hält. Räume des Suchens, der Orientierungslosigkeit sind genauso lebendig wie des Findens; nehmen wir sie an und durchschreiten sie achtsam, reift uns vielleicht eines Tages die Freude einer neuen Geburt zu. Auf diesem Weg ist Hingabe, Askese im Sinne eines zielgerichteten Übens, Ausdauer und Demut verlangt. Gelingt es uns im Durchschreiten der Räume – die Stufen gleichen –, in das innere Kraftfeld unseres Wachsens einzutreten, wandeln sich auch die Dinge im Außen.

Räume, die wir durchschreiten

Ich möchte einige Räume benennen, wie ich sie in meiner Arbeit mit Menschen immer wiedergefunden habe und die sich auch in meinem Leben ereignet haben. Diese Räume können sich allerdings individuell in unterschiedlichen Zeiten eröffnen.

Positives Verstärken

Zu Beginn des Weges ist es wesentlich, das Positive in unserem Leben zu verstärken, wie es auch in den Märchen geschieht. Uns bewusst zu werden, was kann ich, wer bin ich, wer war ich schon in Herausforderungen? Was habe ich bereits bestanden? Welche Talente wurden mir geschenkt? Nehme ich sie dankbar an und wie kann ich sie fördern? Wann sind sie verlorengegangen? Alles, was uns freut und begeistert, ist Gabe an unser Leben und kann immer wieder neu geschöpft werden, es gehört zum ewigen Werden in uns.

Der Weg geht vor und zurück

Es ist wesentlich, dass wir uns bewusst sind, dass das Rückschreiten natürlich zum Weg gehört, wie uns die Märchen und das Labyrinth zeigen, und nicht einem Fehlverhalten entspringt. In diesem Fall haben wir uns zu hinterfragen, daraus lernend zu verändern und auch mit uns mitzufühlen. Das befreit von jedem Schuldgefühl!

Umgehen mit unseren Schattenseiten

Das Annehmen unserer Schatten begründet erst wirklich einen Weg in die innere Schönheit. Jung bezeichnet es als das Gesellenstück einer Analyse. In dieser Stufe sind wir vor allem gefragt, unsere Projektionen auf andere zurückzunehmen und die Schattenseiten wie beispielsweise Neid, Eifersucht, Schuld oder Minderwert in uns zu erkennen, um sie zu verwandeln. Die Schatten legen sich von selbst nach außen und erscheinen am Anderen. Solange wir sie dort bekämpfen, zerbricht nicht nur die Beziehung, sondern in uns wandelt sich nichts. Das heißt nicht, dass wir nicht ein klares Nein sagen dürfen zu etwas, das uns verletzt. Sachlich und freundlich, dies verlangt unser humanistischer Ursprung. Wir erkennen die projizierten Schattenseiten an ihrer Emotionalität, von der sie begleitet sind.

Die Märchen wie beispielsweise „Der Zauberer von Oz" lehren uns die Verwandlung unserer Schatten wie Ängste und Zweifel. Von den Märchen lernen wir oftmals. eine ganz bewusste Distanz zur bedrängenden Schattenseite herzustellen, ihrer allerdings trotzdem bewusst zu sein, was uns vom Verdrängen befreit. Manchmal müssen wir kräftig ringen, oftmals hilft uns eine List oder uns spielerisch zu verstecken und auch der Humor, uns über die Dinge zu erheben. Wesentlich ist zunächst eine bewusste Distanz zu bedrängenden Schattenseiten, bis wir die Kraft dazu haben, uns ihnen stellen zu können. Erst dann sind wir in der Lage uns mit ihnen auseinanderzusetzen, nehmen sie beispielsweise mit und geben ihnen aber gar keine Nahrung.

Manchmal dürfen wir sogar vorübergehend flüchten oder den Schatten lieben lernen, wie zum Beispiel beim „Froschkönig“, in dem jedoch erst ein kräftiger Wurf an die Wand dann den Tierschatten endgültig erlöst.

Unser Schmerz, den wir alle in uns tragen, getrennt zu sein von einem großen Teil unserer Liebesfähigkeit liegt auch in uns im Schatten. Der Schmerz ist aber für mich ein Bruder oder Schwester der Liebe und eine andere Qualität unseres Schattens. Es ist hilfreich für uns zu erkennen, dass jede Verletzung in der Gegenwart schon erlebte Verletzungen und diese große Lebenswunde auch berührt. Deshalb ist ein gegenwärtiger Schmerz für uns oft so unverständlich stark. Verwundungen mit auf unseren Weg zu nehmen und mit den Wundern unseres Lebens zu verbinden ist ein wirksamer Versuch mit ihnen umzugehen. So können wir Verletzungen mildern, überwachsen oder sie sogar heilen. Besonders wenn wir unsere Gefühle selbst zärtlich in beide Hände nehmen.

Projektionen zurücknehmen

An den damit verbundenen Emotionen erkennen wir sie. Was uns besonders am anderen stört und wütend werden lässt, ist ein Anteil, den wir mehr leben sollten, beispielsweise die Langsamkeit. Oder was wir bewundern, können wir auch selbst entfalten.

Schweigen lernen

Schon nach kurzer Zeit in der Arbeit in meinem inneren Garten wurde mir bewusst, dass ich über Dinge, die sich entfalten und gestalten wollten, auch schweigen musste. Es schien mir, als ob ich ein inneres Gefühl wie ein Kind auszutragen hatte – gleich einer Schwangerschaft und einer Geburt. Dazu fällt mir Rilke ein mit seinem Gedicht „Geduld", in dem er schreibt: „Alles ist austragen – und dann gebären".

Eigenes tun

Der Sog, für andere etwas zu tun, ist zunächst viel stärker, als uns selbst etwas zuzugestehen. Es bedarf eines steten Innehaltens und des Bewusstseins, es nicht für uns selbst, sondern für den Weg zu tun. Als eine große Hilfe erwies sich, das Eigene in den Dienst eines Weges zu stellen, eines Weges des Erwachsen- und Selbständigwerdens.

Das Brachliegende in uns

Eine besondere Erinnerung in meinem Leben ist dieses Gefühl, zu Beginn des Weges so viel Brachliegendes in mir zu spüren – gleich riesigen, unbebauten Feldern. Ich spürte auch eine große Sprachlosigkeit für so vieles in mir, dass ich es nicht auszudrücken wagte oder gar vermochte. Erst über die Bilder der Träume fand ich eine Sprache und auch ganz originelle Gedanken. Über dieses Bewusstwerden wuchs mir immer mehr Eigenes, Fülle und Selbstvertrauen zu.

Manchmal gehen wir durch einen dunklen Tunnel

Dieses Brachliegende in mir zu erkunden, erschien mir oftmals, als ginge ich durch einen dunklen Tunnel oder durch eine bodenlose Leere, von der ich nicht wusste, ob auf der anderen Seite auch wirklich Licht war. Wesentlich war, dass ich auch diese Bodenlosigkeit als einen lebendigen Raum des Werdens lernte anzunehmen und dabei meine verbündeten Helfer, den Körper, tragende Beziehungen, die Kunst und Natur, verstärkt einbezog, bis das andere Ufer sichtbar wurde. In dieser Zeit waren mir meine verbündeten Begleiter notwendig! Manches Mal träumte ich dann ermutigend von einem Licht am Ende des Tunnels, einer weiten und grünen Landschaft. Bilder, die mein Vertrauen immer mehr stärkten.

Gefühle ganz leben und nicht unterbrechen lassen

Eine wesentliche Aufgabe als Frau war für mich, bei meinen Gefühlen zu bleiben und mich nicht durch meinen Partner irritieren zu lassen. Beispielsweise fühlte ich mich wohl und glücklich und begegnete einem Anderen in einer ganz anderen Stimmung. Mein eigenes Gefühl dann durchzutragen und nicht zu unterbrechen, verlangte viel Geduld von mir und das Annehmen eines Immer-wieder-vor-und-rückwärts-Schreitens.

Abgeschnitten sein von Gefühlen

Ich erinnere mich, dass ich mich in diesen Zeiten, wenn ich mich wie in einem solchen Tunnel befand, abgeschnitten fühlte von meinen Gefühlen. Erst als mir bewusst wurde, dass ich auch diese Zeiten als lebendige Entwicklungsräume anzunehmen hatte, erlöste sich nicht nur meine innere Kälte, sondern es fiel auch viel Druck von mir ab.

Leben im Augenblick

Schon früh wurde mir bewusst, dass ich entweder zielorientiert in der Zukunft lebte, wo ich mir wünschte hinzugelangen, oder in der Vergangenheit, aber nicht im Jetzt. Eingespannt zwischen Beruf und Familie schweiften die Gedanken natürlich immer aus, was ich noch alles zu tun hätte.

Eine indianische und mönchische Wahrheit, die mir sehr half in diesem Eingespanntsein zwischen inneren Wirklichkeiten und äußeren Anforderungen, war, den Tod als Ratgeber mit einzubeziehen. Das bedeutete zu meditieren, als wäre es mein letzter Tag oder der einer anderen Person. Dann fiel Unwesentliches weg und mir wurde auch bewusst, wie meine Vorwurfshaltung sich in eine liebende verwandelte. Auch heute greife ich immer wieder auf den Gedanken eines letzten Tages zurück, um liebevoll im Jetzt sein zu können. Es bleibt für uns bis zum letzten Atemzug immer wieder neu eine Aufgabe.

Für mich selbst etwas tun

Ich erinnere jetzt noch, welche Herausforderung es für mich war, mir zu erlauben, ganz für mich selbst etwas zu tun. Sei es alleine essen zu gehen oder mir den Luxus eines Parfums zu erlauben. Als eine große Hilfe in diesem Üben für mich kristallisierte sich heraus, es in den Dienst meines inneren Weges zu stellen. Also auch wieder ein Drittes zu Hilfe zu nehmen. Der Weg, erwachsen und selbstständig zu werden, half mir wesentlich, für mich selbst etwas tun zu können. Heute ist mir sehr bewusst, dass wir viel leichter für eine Sache oder eine andere Person etwas tun können als für uns persönlich. Unser Selbst steht ja auch als ein Drittes zwischen unserem Ich und der Fülle unseres Unbewussten, das geschöpft werden und uns zuwachsen will.

Dankbarkeit führt zu Lebensfreude

Müsste ich eine Blüte und Wurzel in meinem inneren Garten benennen, die sich für mich als die wesentliche eingepflanzt hat, so ist es die Dankbarkeit. Sie begleitet mich stets zur Freude und nichts relativiert alles zu Beklagende so wie das Erinnern, wofür ich jetzt alles dankbar sein darf. Wasser, das Licht, meine Augen und Nahrung, wenn ich Hunger verspüre. Dankbarkeit begründet täglich bis heute immer wieder neu den steten leisen Glücksstrom in meinem Leben. Dankbar sein erlöst alles in eine liebende Einstellung zum Leben; in ihr bleiben wir Bringende in die Welt und sie befreit uns von Erwartungshaltung.

Verliebt sein und Liebe

Verliebt sein und Liebe sind zwei verschiedene Qualitäten eines Gefühls. Verliebtsein wird uns geschenkt als ein Spiegelbild der Liebe, die unserem Wesen zutiefst eingeprägt ist. Liebe ist eine Aktivität, die von uns immer wieder eine Entscheidung für sie abverlangt. Die Kunst zu lieben oder, besser gesagt, liebend zu werden, fragt uns nach Hingabe, Askese, Geduld und Beharrlichkeit.

In der Verliebtheit sind wir wie von selbst an die Liebe angeschlossen, an unsere Leichtigkeit, Heiterkeit, an das Körperliche, an einen freudigen inneren Strom. Alles ist sinnvoll, wir schweben ein wenig durchs Leben, lachen viel, sind spielerisch, verspielt und tun scheinbar sinnlose Dinge, die aber für uns doch einen Sinn haben; sie geben Kraft, wir sind begeistert und heiter. Und wir sind bezogen auf das Schöne im Innen und zugleich im Außen. Wir sind aber auch angeschlossen an unsere dunklen Gefühle: Eifersucht, sich minderwertig zu fühlen, Angst zu haben, nicht geliebt zu werden, Selbstzweifel sowie alte Wunden.

Die Liebe, die alles Genannte umspannt, ist uns gleich einem Ozean eingeboren und will, dass wir uns mit ihr auf unserem Weg immer wieder neu verbinden und sie schöpfen. Die Kunst des Liebens ist stets eine neue Entscheidung für unser Wachsen in unsere Humanität.

Epilog

Aus meiner ersten Analysestunde entließ mich meine Analytikerin mit dem Satz „Ändere dich selbst und du änderst die Welt“. Der Gedanke lehrte mich, den Fokus meiner Sehnsucht nach innen zu richten und die Erfüllung nicht mehr von außen zu erwarten. Eine Arbeit an mir selbst mit dem Reichtum meiner Innenwelt befreite mich immer mehr aus einem Leiden im Kreis in ein Entfalten nach vorwärts. Nach kurzer Zeit spürte ich, wie mein Inneres lebendig wurde und mich jede Stunde mit meiner Analytikerin neu an einen inneren Strom anschloss. So fuhr ich jede Woche einmal zur Analyse und merkte bald, wie im Erkennen der unbewussten eigenen Bilder mein Selbstvertrauen sich stärkte. Meine Lehrerin fragte auch nach Träumen, die ich zunächst nur sehr spärlich erinnerte und denen ich kaum Bedeutung zusprach. Wir blieben aber geduldig an den einzelnen Bildern und vertieften sie assoziativ, wenn ich mich auch diesem Prozess zu Anfang mehr hingab, als ihn wirklich zu verstehen. Dieses vertrauensvolle Zuwenden zu den inneren Bildern und ihren Anregungen hinterfragte ich gleichzeitig und so lockerte sich langsam die harte Erde der einseitigen bewussten Einstellung, bis mein Unbewusstes, das noch einem zarten Pflänzchen glich, atmen konnte. In dieser Zeit war ich besonders verletzlich, alles Kritische von außen traf in meine Weichteile. Heute würde ich meinen Gartenzaun um diese noch werdenden Pflanzen schützender und achtsamer gestalten. Trotzdem brach nach etwa einem halben Jahr ein Strom von Träumen in mir auf, der später manchmal auch wie eine reißende Flut über mich kam. Der Alltag und meine täglichen körperlichen Übungen ordneten aber die Bilder, Gefühle und anstürmenden Wirklichkeiten, sodass ich sie immer wieder neu und kreativer in mein Bewusstsein einordnen konnte.

Es wurde mir bald klar, dass die Demut zu einem Gehen in Schritten und Stufen von uns gefragt ist und schnelles, zielgerichtetes Streben nicht zu Lösungen führt, sondern der Weg das Ziel ist. Heute ist mir bewusst, dass nicht nur die Begeisterung für diese Arbeit die Wandlung und Fülle bewirkte, sondern vor allem die Beharrlichkeit. Die Geduld lernte ich vor allen Dingen von der Welt der Pflanzen.

Literatur zum Weiterlesen

AUGUSTINUS, Aurelius: Bekenntnisse. Marixverlag 2008.

CLÉMENT, Gilles: „Die Weisheit des Gärtners“. Matthes & Seitz, 2017.

DOMIN, Hilde: Gesammelte Gedichte. S. Fischer Verlag, 1987.

FROMM, Erich: Die Kunst des Liebens. dtv, 2002.

HAN, Byung-Chul: Lob der Erde. Eine Reise in den Garten. Ullstein, 2018.

HÖLLRIGL, Ute Karin: Goldene Spur. Der Prozess einer Individuation in Träumen und Bildern Ingeborg Bachmann und C. G. Jung. Ein Essay. Erato, 2013.
HÖLLRIGL, Ute Karin: Im Zeitlosen verwurzelt. Sinnbilder aus Natur, Traum und Dichtung. StudienVerlag, 2017.
HÖLLRIGL, Ute Karin: Aschenputtel – eine moderne Pilgerin, Betrachtungen aus tiefenpsychologischer und mal- und gestaltungstherapeutischer Sicht nach C. G. Jung. Erato, 2018.
HÖLLRIGL, Ute Karin: Tage wie Bilder. Pro Lyrica, 2019.

JUNG, Carl G.: Gesammelte Werke, 13. Band. Patmos Verlag, 1987.
JUNG, Carl G.: Erinnerungen, Träume, Gedanken. Sonderausgabe. Patmos Verlag, 1988.
JUNG, Carl G.: Archetypen und Unbewusstes. Grundwerk. Patmos Verlag, 1990.
JUNG, Carl G.: Symbole und Traumdeutung. Ein erster Zugang zum Unbewussten. Patmos Verlag, 1998.
JUNG, Carl G.: Der Mensch und seine Symbole. Patmos Verlag, 20. Auflage, 2018.
JUNG, Carl G.: Das Rote Buch. Patmos Verlag, 2016.

KAST, Verena: Die Dynamik der Symbol. dtv, 1996.

KIYAK, Mely: „Ein Garten liegt verschwiegen ...“: Von Nonnen und Beeten, Natur und Klausur.“ Atlantik, 2015.

MINDELL, Arnold: The Dreambody. Adolf Bonz Verlag, 1996.

NEUMANN, Erich: Tiefenpsychologie und neue Ethik. Fischer Verlag, 1987.

RIEDEL, Ingrid: Mystik des Herzens, Teresa von Avila und Hildegard von Bingen. Kreuz Verlag, 2010.

RILKE, Rainer Maria: Aus der Sammlung „Gaben an verschiedene Freunde“.

STEINDL-RAST, David: Fülle und Nichts. Die Wiedergeburt christlicher Mystik. Herder, 2008.

STEINDL-RAST, David: Achtsamkeit des Herzens. Herder, 2005.

TAGORE, Rabindranath: Flüstern der Seele. Hyperion-Verlag, 2013.

Die Autorin

Dr. Ute Karin Höllrigl wurde 1939 geboren und ist in Österreich und in der Schweiz aufgewachsen. Nach dem Studium der Rechtswissenschaften in Graz war sie an verschiedenen Gerichten und in der Wirtschaft tätig. Aufgrund eines Berufungstraumes beginnt die Autorin ein Studium am C. G. Jung Institut Zürich und eine Lehranalyse bei Arnold Mindell. Seit 1984 hält Ute Höllrigl Traumseminare in verschiedenen Bildungshäusern und führt seit 1993 eine Praxis als analytische Psychologin in Wien. Zahlreiche Vorträge und Veröffentlichungen, Lehrtätigkeit am Seminarinstitut für Mal- und Gestaltungstherapie in Wien, Lehranalytikerin am C. G. Jung Institut Zürich.

Inhalt